이PD·원은혜 지음

중앙books

작가의 말

PD라는 단어를 사전에서 찾으면 '텔레비전 방송국의 프로그램 기획자'라고 나옵니다.
제가 PD가 되기로 마음먹었을 때 방송 출연은 생각지도 못했던 일입니다.
그저 현장을 누비며 다양한 사람들을 만나고 그분들을 통해 새로운 정보를 얻어
방송을 통해 널리 알리는 것, 보다 나은 그림을 시청자들에게 오롯이 전달하는 것이
저의 목표였고 즐거움이었습니다.
그랬던 제게 뜻하지 않게 출연 기회가 찾아왔습니다.
솔직하게 말하자면 기회라기보다는 어쩔 수 없는 상황 등에 떠밀려 출연을 해야만 하는,
PD 입장에서는 일종의 사고 수준의 일이 터진 겁니다.
그렇게 시작한 방송 출연!
그리고 그 결과를 귀엽게(?) 봐주신 메인작가님, 팀장님,
CP님의 권유를 넘어선 지시(?) 덕에 본격적으로 TV에 얼굴을 내밀게 되었습니다.
그렇게 시작한 <이PD가 간다>가 지금까지 이어질 수 있었던 것은
오랜 시간 동안 한결같이 함께해 준 지상 최고의 능력자 원은혜 작가.
그리고 '어? TV에서 봤는데?' '2TV 생생정보 이PD 반가워요. 팬이에요' 라며
선뜻 다가와 준 전국의 시청자들 덕분입니다.
<유 퀴즈 온 더 블럭>에서 섭외가 왔을 때도 망설이다가
시청자 여러분께 감사한 마음을 전하고 싶어 출연을 결심했습니다.
10년이 가까워가는 시간 동안 현장에서 만나면 마치 연예인이라도 본 듯 격렬히 반겨주고
환상의 합을 보여준 전국의 시청자 여러분이 계셔서 오늘의 이PD가 있습니다.
이 책은 그분들에게 바치는 감사의 선물입니다.
모쪼록 이 책이 전국의 숨은 여행지를 찾는 분들에게 생생하고
쓸모 있는 정보를 전달하게 되길 바랍니다.

2TV 생생정보 이PD

이PD님을 처음 만난 건 10년도 훨씬 더 된 일입니다.
그전까지는 방송구성작가로서 아이템을 찾고 시청자에게 제대로 전달하는
일에 재미를 느끼고 있었습니다.
그러다 이PD님을 만났고 치열하게 아이템을 같이 찾고
함께 현장을 누비면서
노트북 앞에서는 찾을 수 없었던 새로운 세상을 발견하게 됐습니다.
현장에서 이PD님은 참으로 멋진 사람입니다.
함께 하는 스태프들에 대한 배려의 끝판왕.
그래서 저는 오늘도 흔쾌히 카메라를 들고 노트북을 메고
이PD님과 함께 전국을 누비고 있습니다.
이 글을 빌려서 우리 팀 유혜영 메인 작가님과 유인철 팀장님,
미디어화 황정혜, 홍정훈 대표님,
그리고 함께 현장을 누빈 수많은 조연출들과 우리 팀 작가와 피디들,
언제나 따뜻한 시선으로 지켜봐 주시는 KBS 협력제작국의 임기순 기획 총괄 프로듀서님,
박은희 책임프로듀서님, 손병규 프로듀서님, 윤태호 프로듀서님, 이용준 프로듀서님,
유성문 프로듀서님 외 많은 2TV 생생정보 담당 프로듀서님들,
그리고 현장에서 이PD와 소중한 일상을 함께 나누며 2TV 생생정보를 아껴주시는
모든 시청자 여러분께 진심을 다해 감사의 마음을 전합니다.

원은혜 작가

이 책 보는 법

- 이 책은 2016년 5월부터 2022년 4월까지 KBS <2TV 생생정보> 속 코너 '이PD가 간다'에서 방영된 여행지 중 제작진이 뽑은 여행지 & 먹거리 238곳을 소개합니다.
- 책에 수록된 관광지 정보는 2022년 8월까지 수집한 정보를 바탕으로 하고 있습니다. 최신의 정보를 담으려 노력했습니다만 예고 없이 요금이 변경되거나, 일부 정보가 바뀔 수도 있습니다. 방문 전 홈페이지 또는 전화를 통해 확인한 후 방문할 것을 권합니다.
- 소요 시간은 근사치입니다. 코스마다 머무는 시간이나 교통상황에 따라 달라질 수 있습니다.
- 내비게이션이나 지도 애플리케이션에 책에서 소개하는 관광지 이름을 입력하면, 더욱 편리한 여행을 즐길 수 있습니다. 사용 기기 또는 애플리케이션에 따라 등록된 관광지 이름이 다를 수도 있으니 그럴 땐 '주소'를 입력해 보세요.

🚩 이PD가 추천하는 국내 여행 코스 62

이 책은 2016년부터 '이PD가 간다' 제작진이 전국 방방곡곡을 누비며 찾아낸 여행지 중 62개의 국내 여행 코스를 엄선해 소개합니다. 지역별(수도권, 강원도, 충청도, 전라도, 경상도, 제주도)로 나누어 소개하며, 코스마다 대표 여행지를 중심으로 인근에 함께 가면 좋은 주변 여행지 1~2곳과 그 지역을 대표하는 먹거리를 함께 소개합니다.

🚩 참고하면 좋은 여행지별 정보

도시별 여행 코스는 가기 좋은 시기(계절), 즐기기 좋은 여행법(드라이브하기 좋은 여행지/ 산책하기 좋은 여행지/ 아이와 함께 가기 좋은 여행지), 보이는 전망(바다/ 산/ 도시), 소요시간(반나절/ 하루/ 1박 2일) 등 여행을 계획할 때 참고하면 좋은 핵심 정보를 보기 쉽게 정리해 두었습니다.

🚩 돈과 시간을 아껴주는 여행 팁과 추천 먹거리

'이PD 추천'에서는 여행지를 가기 전에 알아두면 좋은 여행 팁을 소개해 여행 준비 시간과 비용을 아껴줍니다. 특히 여행을 가서 그 지역의 대표 먹거리가 무엇인지, 무엇을 먹어야 잘 먹었다고 할지 고민된다면 '추천 먹거리'를 참고해 보세요.

🚩 특별한 여행을 즐기고 싶다면

시간 여유가 있거나 재미있는 테마 여행을 원한다면 '스페셜 페이지(Special Page)'를 참고하세요. 미식 여행, 여름 계곡 여행, 섬 여행, 꽃 여행, 트레킹 여행까지 제작진이 제안하는 각양각색의 테마에 맞춰 여행을 하면, 훨씬 더 재미있는 여행을 즐길 수 있습니다.

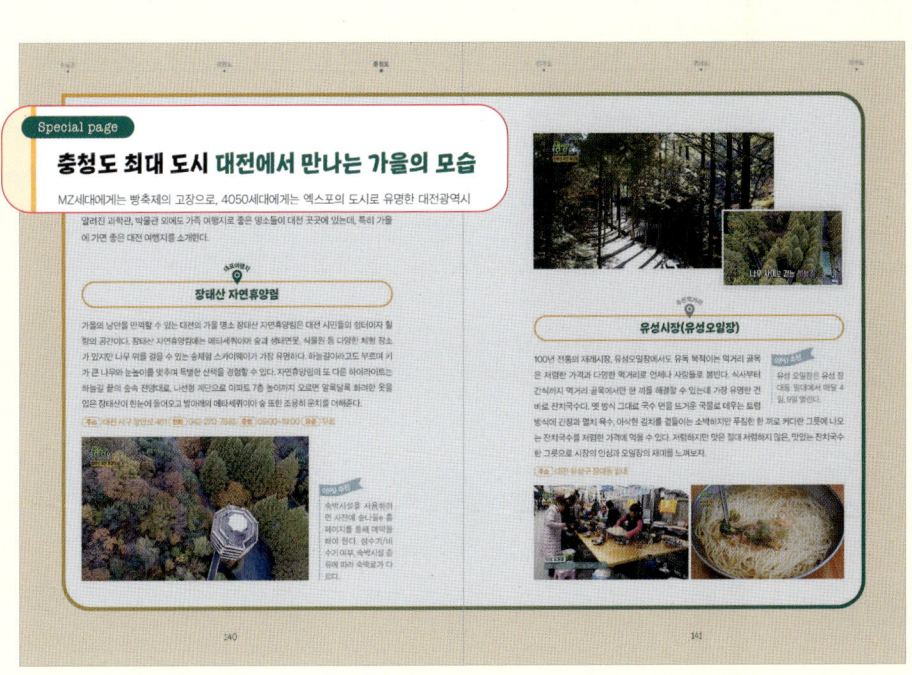

목차

작가의 말　　　　　　　　　　　　　　　　　002
이 책 보는 법　　　　　　　　　　　　　　　004

제작진이 뽑은 계절별 여행지

봄　　　　　　　　　　　　　　　　　　　　010
여름　　　　　　　　　　　　　　　　　　　011
가을　　　　　　　　　　　　　　　　　　　012
겨울　　　　　　　　　　　　　　　　　　　013

제작진이 뽑은 테마별 여행지

드라이브 가기 좋은 여행지　　　　　　　　　014
아이도 어른도 함께 즐기기 좋은 여행지　　　016
즐거움이 두 배가 되는 액티비티 여행지　　　018
다양하게 바다를 즐길 수 있는 이색 여행지　　020
지금 이 순간! 꽃 구경 가기 좋은 여행지　　　022
힘들어도 뿌듯한 트레킹 여행지　　　　　　　024

수도권

가평	봄을 더 오래 만날 수 있는 곳	028
안산	드넓은 서해 바다를 내 품 안에	034
연천	신비로운 지구의 역사를 찾아서	040
인천	곳곳에 재미가 가득한 보물섬 대이작도	046
인천	열려라 참깨! 바닷길아 열려라	050
Special page	무더위를 피해 떠나는 여름 계곡 여행	054
Special page	사계절 즐기는 우리나라 꽃 나들이	056

강원도

강릉	동해의 탄생을 찾아가는 새로운 강릉 여행	060
강릉	먹고 걷고 소원까지 이루어지는 강릉의 맛과 재미	064
고성	대한민국 최북단 고성으로 떠나는 여행	068
속초	신비한 호수를 찾아 떠나는 오감 만족 속초 여행	072
속초	사계절 만나고 싶은 속초의 비경을 찾아서	076
Special page	이 PD가 만난 속초의 맛	082
삼척	자연을 더 가까이, 감동을 더 가득히!	084
삼척	바다 내음 물씬 풍기는 여름 삼척 여행	088
양구	강원도 최북단에서 한반도를 만나다	094
영월	한반도를 품은 영월에서 만나는 붉은 메밀꽃	098
정선	겨울이 더 아름다운 눈꽃의 성지	102
태백	순도 100% 원시 자연의 매력을 마주하다	108
Special page	물 위를 걷다! 철원 한탄강 물윗길	112

충청도

단양	소백산과 남한강이 만든 산수의 고장	116
제천	푸른 물줄기를 따라가는 충주 여행	120
충주	남한강을 따라 떠나는 가을 여행	124
서천	가을로 물든 금강 따라 즐기는 여행	130
태안	굽이굽이 해안길을 따라 걷는 길	136
예산	느림의 미학이 있는 힐링 여행	142
Special page	충청도 최대 도시 대전에서 만나는 가을의 모습	146

전라도

강진	남도의 자연에 숨어 있는 다산의 흔적을 찾다	150
고흥	다도해의 도시 고흥으로 떠나는 특별한 여행	154
곡성	형형색색 장미의 매력에 빠지다	158
광양	겁나게 멋져부러! 눈길을 사로잡는 광양 여행	162
구례	노란 산수유 꽃이 꽃망울을 터트리는 구례의 봄	166
구례	한여름 무더위를 식혀줄 물맞이 여행	170
나주	발길 닿는 곳마다 향긋한 봄 내음이 가득한 곳	174
목포	근대의 역사와 문화가 살아 숨 쉬는 항구 도시	178
순천	삶의 여유와 느림의 미학을 찾아 떠나는 여행	184
여수	밤바다보다 멋진 여수를 만나다	188
장성	옐로 시티에서 만나는 가장 화려한 노란색	194
해남	땅끝마을을 화려하게 수놓은 꽃의 향연	198
화순	천하제일의 비경을 찾아서	202
고창	밤하늘을 아름답게 수놓는 반딧불을 찾아서	206
완주·진안	언제 가도 좋은, 언제 봐도 좋은 청정 자연 여행	210
Special page	개성 가득, 매력 가득 신안 섬 여행	218

경상도

거제	봄 향기 가득한 거제의 멋과 맛	222
거제	기기묘묘한 바다의 금강산을 만나다	226
고성	공룡의 고장에서 만난 천혜의 자연	234
남해	남해로 떠나는 봄맞이 여행	238
남해	해안 도로를 달리면서 만나는 남해의 절경	244
밀양	신비를 품은 땅 밀양에서 찾을 수 있는 것들	250
사천	천년 고찰 백천사의 신비로움을 찾아서	254
하동	섬진강 따라 휘날리는 봄꽃에 취하다	260
양산	눈과 코를 사로잡는 매화의 고장	264
창원	돼지를 닮은 섬, 저도	268
통영	남해에 핀 연꽃, 연화도	272
울릉도	동해 끝자락 환상의 섬, 울릉도	276
포항	스릴 만점! 포항의 핫 플레이스를 찾아서	282
포항	금강산도 부럽지 않은 12폭포의 비경	286
Special page	대한민국 생태 복원의 대명사, 울산 태화강국가정원	290
부산	더 알고 싶고, 더 찾고 싶은 부산 이색 여행	292
부산	역사의 흔적을 따라 떠나는 색다른 부산 여행	296
부산	푸르디푸른 부산 바다 200% 즐기기	300

제주도

떠나요, 아름다운 섬 제주로!	305

찾아보기	312

IPD가 간다
제작진이 뽑은 '계절별' 여행지

봄

경기 가평 대성리 국민관광지
MT의 성지 대성리가 벚꽃의 성지로 재탄생했다. 대성리역 앞 북한강변을 따라 펼쳐지는 벚나무 길을 따라 걷거나 인생 사진을 남기기 좋다.
P.031

전남 구례 산수유마을
마을 전체가 노란 산수유꽃으로 가득하다. 1,000년 전, 중국 산둥성에서 산수유 묘목을 가져와 심은 뒤 마을 전체로 퍼졌다. 반곡마을, 계척마을, 상위마을 등 여러 마을이 산수유마을을 이루고 있다. P.167

전남 나주 한수제 벚꽃길
나주를 대표하는 벚꽃 명소. 금성산 아래 자리한 저수지 한수제 주변을 따라 벚꽃이 흐드러지게 펴 있다. 저수지를 따라 데크길이 조성돼 있어 가볍게 걷기에 좋다. P.175

경남 거제 대금산
봄이면 완만한 능선을 따라 진달래가 가득 피는 대금산. 산 전체가 진분홍색으로 물드는 장관을 연출한다. 정상에 오르면 수려한 다도해의 풍광이 눈앞에 펼쳐진다. P.223

여름

강원 삼척 덕풍계곡(용소골)
태곳적 신비를 그대로 간직한 강원도 산속에 맑은 물이 흐르는 계곡이 있다. 1급수에만 산다는 버들치가 가득할 만큼 청정 수질을 자랑하는 덕풍계곡은 물놀이는 물론 트레킹도 즐길 수 있는 일석이조의 여행지다. P.086

충북 제천 금수산 얼음골
해발 1,000m가 넘는 금수산 깊은 곳에 자리한 얼음골에서는 한여름에도 시원하다 못해 얼음처럼 차가운 공기가 나온다. 산 입구에서 얼음골로 향하는 길에 사람의 손이 거의 타지 않은 원시 자연의 모습을 만날 수 있다. P.121

전남 구례 수락폭포
소리만으로도 온 몸이 시원해지는 폭포가 있다. 15m 높이에서 거침없이 쏟아지는 물줄기가 웅장함을 뽐낸다. 예부터 수락폭포의 물을 맞으면 아픈 곳이 낫는다고 하여 어르신들이 마사지를 받았다던 구례의 명물 폭포다. P.171

충북 충주 활옥동굴
백옥, 활석, 활옥 등을 캐는 광산이었던 곳을 체험 동굴로 재탄생시켰다. 한여름에도 동굴 안은 서늘할 정도로 시원함을 자랑한다. 동굴 안에서는 지하수를 끌어올려 만든 뱃놀이 체험을 즐길 수 있다. P.125

가을

대전 장태산 자연휴양림

대전을 대표하는 가을 명소. 하늘을 향해 쭉 뻗은 메타세쿼이아 숲 사이로 조성된 고공 데크길을 따라 걸으면 나무 위를 걷는 기분을 만끽할 수 있다. 전망대인 스카이타워에서는 가을 단풍으로 빼곡하게 찬 장태산의 풍경이 한눈에 보인다. P.146

전북 완주 대둔산

가을이면 알록달록한 단풍이 산 전체를 뒤덮는 대둔산. 정상으로 향하는 케이블카를 타고 올라가면 발 밑으로 대둔산 풍경을 내려다볼 수 있어 좋다. P.211

전남 강진 강진만생태공원

강진만에 자리한 20만 평의 넓은 갈대밭. 가을이면 사람 키만큼 자란 황금빛 갈대들이 바람에 흔들리며 장관을 연출한다. 황금빛 갈대밭을 배경으로 인생 사진을 찍을 수도 있다. P.151

겨울

강원 정선 만항재

겨울이면 정선과 영월, 태백을 잇는 지방 도로를 따라 새하얀 설경이 펼쳐진다. 우리나라에서 가장 높은 곳에 위치한 도로로, 겨울왕국의 한 장면에 빠져 있는 듯한 느낌을 준다. P.103

전북 무주 덕유산

덕유산 정상에 오르면 오직 추운 겨울에만 만날 수 있는 눈꽃 세상이 펼쳐진다. 정상까지 오르는 길이 약간 고되지만, 정상에 올라 눈앞에 펼쳐지는 하얀 세상을 마주하면 모든 고생이 잊혀질 만큼 행복해진다. P.057

IPD가 간다
제작진이 뽑은 '테마별' 여행지

드라이브 가기 좋은 여행지

경남 하동 십리벚꽃길

화개장터에서 쌍계사까지 이어지는 벚꽃길. 길을 따라 벚나무가 늘어서서 아름다운 벚꽃 터널을 이루고 있다. 바람이 불 때마다 하얀 눈송이가 흩날리듯 벚꽃 잎이 떨어지며 장관을 연출하기도 한다. P.261

강릉 바다부채길
강원도 강릉시 강동면 정동진리부터 심곡리까지 약 2.86km 해안 길, 천연기념물 제437호로 지정

강원 강릉 정동심곡 바다부채길

바다를 향해 부채를 펼쳐 놓은 모양과 닮았다 하여 이름 붙여진 길이다. 바다와 어우러진 기암괴석의 비경을 감상할 수 있다. 해안을 따라 달리면서 바다를 즐길 수 있는 대표적인 강릉 바다 드라이브 코스다. P.061

충북 단양 보발재
단양 가곡면과 영춘면을 잇는 지방도로다. 구불구불한 고갯길이 가을이면 알록달록 아름다운 단풍길로 변한다. 단양의 대표적인 가을 명소다. P.118

경남 남해 물미해안도로
남해의 물건마을과 미조마을을 잇는 해안도로. 구불구불한 해안도로를 기준으로 왼쪽으로는 울긋불긋한 단풍이, 오른쪽으로는 푸른 바다가 펼쳐진다. P.245

아이도 어른도 함께 즐기기 좋은 여행지

경기 연천 전곡리 유적

우리나라의 대표적인 구석기 유적지. 30만 년 전 인류가 남긴 주먹도끼가 발견되며 전 세계적인 유적지가 됐다. 유적지 내에 있는 박물관도 함께 둘러보면 좋다. P.041

전북 고창 운곡 람사르 습지

2011년 람사르 습지로 등록된 운곡 습지. 멸종 위기의 야생 동물과 희귀한 동식물들이 서식하는 국가생태관광지다. 청정 지역에서만 서식하는 반딧불 등 도시에서는 절대 볼 수 없는 자연의 신비함을 만끽할 수 있다. P.207

강원 정선 레일바이크
우리나라 최초의 레일바이크. 정선 구절리역에서 아우라지역까지 총 7.2km의 철길을 따라 레일바이크를 타고 달린다. 수려한 산세와 맑은 물길, 예쁜 조명으로 꾸며진 터널 등 아름다운 정선의 풍경을 즐겨보자. P.106

전남 여수 여수예술랜드
여수 앞바다에 자리한 테마형 리조트. 리조트 곳곳에 트릭아트 뮤지엄, 짚코스터, 전망대, 카트 체험 등 다양한 즐길거리가 있어 인기가 높다. 숙소와 즐길거리를 한 번에 해결할 수 있는 인기 여행지! P.190

경남 남해 양떼목장
남해의 다도해를 바라보며 푸른 초원을 뛰노는 양들을 볼 수 있는 곳. 수십 마리의 양이 양몰이 개를 따라 이쪽 저쪽을 오가는 재미있는 모습도 볼 수 있다. 양 먹이 주기 체험과 같은 재미있는 체험도 놓치지 말자. P.240

즐거움이 두 배가 되는 액티비티 여행지

경남 남해 망운산 패러글라이딩

남해의 비경이 발아래 자리하는 짜릿한 스포츠. 한려수도의 풍광을 360도로 생생하게 즐길 수 있는 액티비티다. 남해 절경은 물론 여수와 순천, 멀리 사천과 하동의 풍경까지 즐길 수 있다. P.242

제주 서귀포 선녀탕(황우지해안)

서귀포 대표 관광지인 외돌개 인근에 자리한 해안 웅덩이. 현무암이 요새처럼 둘러쳐져 있는 천연 물놀이 명소다. 맑은 바닷물에서 수영하고 맑은 바닷물에서 스노클링을 즐겨보자. P.308

충북 단양 만천하스카이워크

단양이 한눈에 내려다보이는 스카이워크. 25m 높이의 전망대에 올라서면 단양의 전망이 360도로 펼쳐진다. 전망대는 물론 모노레일, 짚와이어, 알파인코스터 등 다양한 즐길거리가 있다. P.117

강원 삼척 장호항&갈남항

한 해 평균 70만 명이 찾는다는 삼척의 대표적인 여름 물놀이 명소. 수심이 깊은데도 불구하고 맑고 깨끗해 스노클링, 카약 등 다양한 해양 스포츠를 즐길 수 있다. P.089, P.090

경남 남해 사도

물놀이의 명소인 남해 설리해수욕장에서 1km 떨어진 곳에 무인도 사도가 있다. 카약을 타고 사도로 향하는 체험을 즐길 수 있고, 사도에 도착하면 청정 남해의 바닷속을 탐험하는 스노클링을 즐길 수 있다. P.247

다양하게 바다를 즐길 수 있는 이색 여행지

강원 고성 능파대
바닷물의 소금기가 바위를 비집고 들어가 만든 염풍화 때문에 바위에 독특한 문양을 만들고 이렇게 만들어진 기암괴석들이 모여 있다. 마치 작은 금강산을 연상케 한다. P.069

경남 거제 해금강
바다의 금강산이라 불리는 해금강. 기암절벽과 푸른 바다가 어우러져 천혜의 비경을 만들어 낸다. 웅장한 바위와 남해의 푸른 물결 속에서 바다를 한껏 느낄 수 있다. P.227

경남 고성 상족암군립공원

바다와 바위가 만들어낸 웅장한 자연경관을 배를 타고 둘러볼 수 있다. 주상절리, 병풍바위, 상족암 등 고성 바다의 명물들을 해상 관광으로 즐겨보자. P.235

경남 사천바다케이블카

산과 바다, 섬을 한 번에 조망할 수 있어 인기가 좋은 여행지다. 케이블카를 타고 이동하면서 사천의 명소인 삼천포 다리를 볼 수 있고, 케이블카에서 내려 정상의 전망대에서 사천의 전경을 감상할 수도 있다. P.256

지금 이 순간! 꽃 구경 가기 좋은 여행지

전남 고흥 작약꽃밭(봄)

바다를 배경 삼아 분홍빛의 작약이 꽃밭을 이루고 있다. 한 송이만으로도 화려함을 뽐내는 작약꽃이 밭을 이루고 있어 화사함이 배가 된다. 작약꽃이 절정을 이루는 5월경에 찾으면 더욱 좋다. P.155

경남 통영 연화도 수국길(여름)

통영에서 배를 타고 한 시간 정도 가면 도달하는 섬 연화도. 연화도는 해양스포츠의 천국으로 유명한데, 요즘 연화도를 핫하게 하는 것은 바로 수국길이다. 매년 여름이면 연화사를 시작으로 수국길이 펼쳐진다. 인생 사진을 얻을 수 있는 포토 스폿으로도 인기가 높다. P.273

강원 영월 붉은 메밀꽃밭(가을)

메밀꽃이라 하면 하얀 팝콘 모양을 떠올리는데, 영월의 메밀꽃은 색다르다. 영월 삼옥리 마을의 동강변에는 붉은색의 메밀꽃이 군락을 이루고 있다. 신비로운 풍경을 배경으로 인생 사진을 찍어보자.
P.099

강원 정선 함백산 눈꽃(겨울)

우리나라에서 여섯 번째로 높은 함백산은 겨울에 가야 진면목을 볼 수 있다. 정상에 오르면 발 아래로 눈꽃 밭이 펼쳐진다. 눈꽃이 하얗게 맺힌 나무의 모습은 힘든 등반이 잊혀질 정도로 인상적이다. P.104

힘들어도 뿌듯한 트레킹 여행지

강원 철원 한탄강 물윗길

화산 폭발로 용암이 흐른 자리에 거대한 주상절리와 기암괴석이 남았다. 한탄강 물윗길은 신비한 협곡지대를 따라 걸을 수 있는 7.5km의 트레킹 코스다. 2020년 유네스코 세계지질공원으로 선정됐을 정도로 신비로운 자연 지형이 가득하다. P.112

경북 울릉도 행남해안산책로

울릉도 도동항에서 저동항 촛대바위까지 이어지는 2.6km의 둘레길. 바다를 따라 걷다 보면 화산 폭발과 파도의 침식작용으로 만들어진 다양한 지질 명소들을 만날 수 있다. P.277

경북 포항 내연산 12폭포

내연산은 화산재가 굳은 암석으로 독특한 지형이 만들어졌고 이 지형을 따라 여러 개의 폭포가 생겼다. 약 8km의 물길을 따라 걸으면 겸재 정선이 그린 <내연삼용추도(內延三龍湫圖)>의 배경이 됐을 정도로 아름다운 내연산을 만끽할 수 있다. P.287

경기 안산 대부해솔길

해안선을 따라 대부도 전체를 둘러볼 수 있는 길. 보는 것만으로도 가슴이 뻥 뚫리는 바닷길, 광활한 갯벌, 융단 같은 습지를 동시에 만날 수 있다. 해 질 녘에 가면 바다가 붉은 태양으로 물드는 환상적인 일몰의 모습을 볼 수 있다. P.036

수도권

1 가평
봄을 더 오래 만날 수 있는 곳

2 안산
드넓은 서해 바다를 내 품 안에

3 연천
신비로운 지구의 역사를 찾아서

4 인천
곳곳에 재미가 가득한 보물섬 대이작도

5 인천
열려라 참깨! 바닷길아 열려라

[Special Page]
무더위를 피해 떠나는 여름 계곡 여행

[Special Page]
사계절 즐기는 우리나라 꽃 나들이

수도권   강원도   충청도

가평
봄을 더 오래 만날 수 있는 곳

호명호수   대성리 국민관광지   가평 오일장

봄에 가면 좋아요 | 산책하기 좋아요 | 산 전망 좋아요 | 하루 꼬박 걸려요

대한민국의 수도 서울과 가까운 경기도 가평군은 봄을 더 오래 만끽할 수 있는 곳이다. 바쁜 일정 때문에 봄꽃을 만끽하지 못했다면, 빨리 지나가 버리는 봄을 좀 더 붙잡고 싶다면 가평으로 떠나보자. 시원한 날씨 덕분에 꽃이 오래 피어 있기도 하지만 분홍 진달래, 탐스러운 벚꽃, 알록달록한 야생 꽃을 볼 수 있는 명소가 여기저기 있어 더 좋다. 잣향기푸른숲, 아침고요수목원, 자라섬, 레일바이크 등 자연을 더 가까이, 더 깨끗이 즐길 수 있는 가평에서 자연 속의 쉼을 만나자.

> 호수가 하늘을 담고 있는 것 같아요!

대표여행지
호명호수

백두산에는 천지가 있고, 한라산에는 백록담이 있고, 호명산에는 호명호수가 있다. 옛날 호랑이 울음소리가 많이 들린다고 해 호명이라 이름 붙은 산봉우리에 있는 호명호수는 하늘과 맞닿은 듯한 풍경을 선사한다. 가평에 이런 곳이 있었나 싶을 정도로 엄청난 규모의 호수가 산꼭대기에 펼쳐지는데, 수려한 산세와 맑은 물빛이 어우러져 남한의 백두산 천지라 불리기도 한다. 사실 이 호수는 우리나라에서 최초로 양수 발전을 위해 지은 인공호수로 1975년부터 52개월에 걸쳐 만들었다. 호명호수 주변으로 피어 있는 진달래는 늦은 봄까지 만발해 뒤늦은 봄꽃 여행을 즐기기에도 그만이다. 푸른 호수의 비경과 가평의 절경을 한눈에 담을 수 있는 가평의 숨은 명소다.

주소 경기 가평군 청평면 호명리 5

이PD 추천

호명호수 셔틀버스

그동안 산 위에 있는 호명호수를 가기 위해서는 등산로를 따라 도보로 가는 방법밖에 없었는데, 셔틀버스가 생겨서 편하게 갈 수 있게 됐다. 경춘선 상천역에서 출발하는 버스는 호명호수까지 20분 정도 걸린다.

운영 1일 10회 운행, 09:20~17:30(상천역 출발 기준), 09:40~17:50(호명호수 출발 기준)
홈페이지 https://www.gptour.go.kr/

함께 가면 좋은 가평 여행지

• 잣향기푸른숲
수령 80년 이상의 잣나무림이 분포한 곳. 숲체험, 목공체험, 산림치유프로그램 등 숲과 관련된 다양함 체험을 즐길 수 있다.
주소 경기 가평군 상면 축령로 289-146

• 아침고요수목원
10만 평 넓이의 부지에 4,500여 종의 식물을 보유하고 있는 수목원. 매년 새로운 주제로 축제를 연다.
주소 경기 가평군 상면 수목원로 432 **운영** 08:30~19:00(입장 마감 18:00) **요금** 성인 1만1,000원, 청소년 8,500원, 어린이 7,500원

• 자라섬
북한강에 만들어진 인공섬으로, 매년 국제재즈페스티벌, 꽃 축제 등 다양한 축제가 열린다.
주소 경기 가평군 가평읍 달전리 1-1

• 가평레일바이크
1939년 개통된 경춘선 옛 철길을 따라 달리는 레일바이크. 가평역을 출발해 경강역에서 회차하여 가평역으로 다시 돌아오는 8km의 코스다. 중간의 느티나무 터널은 가평레일바이크의 백미.
주소 경기 가평군 가평읍 장터길 14 **운영** 하절기(3/1~10/31) 1일 9회 운행, 동절기(11/1~2/28) 1일 8회 **요금** 2인승 3만 원, 4인승 4만 원(홈페이지 예약 필수) **홈페이지** https://www.railpark.co.kr

대성리 국민관광지

한때 MT의 성지로 유명했던 대성리가 코로나 시대를 거치며 어느새 벚꽃 명소로 더 유명해졌다. 여의도 윤중로의 벚꽃이 지나간 4월 말에도 가평은 벚꽃이 한창이다. 대성리역에 내려 북한강변을 따라 걸으면 옅은 분홍빛 꽃비를 날리는 벚꽃 군락이 사람들을 맞이한다. 아름다운 벚꽃길의 명물은 한 아름에 들어오지 않을 정도로 큰 30년 수령의 아름드리 벚나무로 탐스럽게 피어 있는 왕벚꽃이 고고한 자태를 뽐낸다. 스치듯 사라지는 계절, 봄을 조금 더 오래 기억해 보자.

주소 경기 가평군 청평면 대성리 601-1

이PD 추천

주말이면 자동차를 타고 오는 사람들이 많다. 주차장이 협소한 편이니, 대중교통 이용을 추천한다.

가평 오일장

가평 오일장은 경기도 북부 지역에서 가장 오래된 오일장으로 봄에는 꽃 세상이 펼쳐진다. 형형색색을 자랑하는 꽃들이 발길을 붙잡아 싱그러운 봄을 더욱 화사하게 빛내준다. 시장은 먹거리 또한 빼놓을 수 없는 곳. 한석봉 어머니 못지않은 솜씨를 자랑하는 맛있는 떡 가게, 싱싱한 제철 과일과 해산물 등 정겨운 먹거리가 가득하다. 장터 한편에는 숙주를 잔뜩 넣고 취향에 따라 재료를 넣은 뒤 화로에서 구운 닭갈비가 한창이다. 눈을 사로잡는 꽃과 맛있는 냄새가 가득한 가평 오일장을 찾아보자.

(주소) 경기 가평군 가평읍 장터2길 10 (운영) 10:00~21:00

이PD 추천

- 오일장은 매월 5일, 10일, 15일, 20일, 25일, 30일 열린다.
- 자가용 이용 시, 주차는 가평잣고을시장 창업경제타운 부설주차장을 이용한다. 최초 1시간 무료, 30분 초과 시 매 30분 마다 500원씩 추가된다.

(주소) 경기 가평군 가평읍 장터2길 12

가평 오일장
매월 숫자 0, 5가 들어가는 날 열리는 장터

오일장에 먹거리가 가득한대요?

닭갈비

고소한 콩가루를 묻힌 인절미

쑥인절미

드넓은 서해 바다를
내 품 안에

• 안산 시화나래휴게소   • 대부해솔길   • 대부 포도·해물 된장 빠글장

- 가을에 가면 좋아요
- 트레킹하기 좋아요
- 바다 전망 좋아요
- 하루 꼬박 걸려요

경기도 안산에 위치한 대부도는 원래 섬이었으나 1994년 건설된 시화방조제로 연결돼 육지에 속하게 됐다. 큰 언덕이란 뜻을 가진 대부도는 수도권에서 가깝게 서해를 즐길 수 있는 곳으로, 너른 갯벌이 있어 더 특별한 곳이다. 갯벌은 밀물 때는 물에 잠기고 썰물 때는 물 밖으로 드러나는 땅으로 발이 푹푹 빠지는 진득하고 거무스름한 개흙 안에 다양한 생물이 살고 있다. 굴, 바지락, 우렁이 등 맛있는 생물과 더불어 재밌는 갯벌 체험까지 즐길 수 있는 대부도로 떠나보자.

| 전라도 | 경상도 | 제주도 |

달전망대에서 보이는 바다 전망!

통유리로 된 달전망대

대표여행지

안산 시화나래휴게소

고속도로 휴게소는 고속도로를 오가는 사람들에게 쉼의 장소이자, 꽉 막힌 고속도로에서 작은 재미까지 주는 장소다. 301번 지방 국도를 달리다 보면 대부도로 향하는 길에 있는 시화나래휴게소를 만날 수 있다. 시화나래휴게소는 드넓은 서해가 한눈에 들어오는 전망대 덕분에 단순한 휴게소가 아니라 어느새 관광지가 됐다. 휴게소 옆에 위치한 달전망대는 높이가 무려 75m, 거의 25층 높이다. 투명한 유리로 된 돔 형태의 전망대에 서면 360도 어느 곳에서나 푸른 바다의 절경을 감상할 수 있다. 용기 있는 사람만이 도전할 수 있는 투명한 바닥 구간이 있어 한 걸음 걸을 때마다 아찔하고 스릴이 넘친다.

 **이PD 추천**

일몰 맛집 달전망대

일몰 시간에 맞춰 전망대를 방문하면, 노을에 붉게 물든 서해 바다를 볼 수 있다.

주소 경기 안산시 단원구 대부동동 2109-2 **운영** [달전망대] 10:00~18:00(입장 마감 17:30), 월요일 휴관

대부해솔길

무더운 여름이 지나고 선선하지만 빨리 지나가는 가을을 만끽하기 위해서는 대부도 해솔길을 추천한다. 해솔길은 천천히 걸어서 대부도 전체를 돌아볼 수 있는 길로 가슴까지 시원해지는 바닷길, 광활한 갯벌, 융단 같은 습지를 동시에 만날 수 있는 곳이기도 하다. 1코스부터 7코스까지 있고 총 길이는 74km에 달하며 그중 가장 인기 있는 코스는 1코스다. 1코스에는 밀물 때면 구봉도와 고깔섬을 이어주는, 마치 개미허리처럼 잘록하게 들어간 모양의 아치교가 있다. 푸른 바다 한가운데 떠 있는 듯한 다리 위에 올라서면 장관이 펼쳐진다. 해솔길은 특히 해 질 녘을 추천한다. 구봉도 끝에 서면 바다가 붉은 태양으로 물드는 황홀한 풍경이 펼쳐진다.

이PD 추천

해 질 녘에 방문했다면 노을을 본 뒤 서둘러 내려와야 한다. 내려오는 길이 꽤 오래 걸려서 자칫 어두운 산길로 내려와야 하기 때문이다.

이PD 추천

1코스 : 대부도 관광안내소~종현어촌체험마을
(11.5km, 3~4시간)
1-1코스 : 대부도 관광안내소~바다향기테마파크
(6.0km, 1~2시간)
2코스 : 24시 횟집(대부북동 산83-20)~작은잘푸리방조제
(5.0km, 1~2시간)
3코스 : 어심바다낚시터~정상골방조제
(11.0km, 2~3시간)
4코스 : 쪽박섬~유리섬박물관(11.5km, 3~4시간)
5코스 : 베르아델승마클럽~대선방조제(12.5km, 3~4시간)
6코스 : 대부도 펜션타운~탄도항(7.0km, 2~3시간)
6-1코스 : 경기도청소년수련원~바다향기수목원
(5.0km, 1~2시간)
6-2코스 : 안산어촌민속박물관~동산교회 수련원
(4.5km, 1~2시간)
7코스 : 누에섬 등대전망대 입구~대부도 관광안내소
(17.0km, 4~5시간)
7-1코스 : 탄도항~대부도 관광안내소(17.0km, 4~5시간)

대부 포도

사면이 바다인 대부도는 소금기 가득한 해풍이 불어 포도가 더 맛있다고 한다. 해풍을 조미료 삼아 달고 맛있는 포도는 탐스러운 색깔과 동글동글 귀여운 모양을 자랑한다. 새콤하고 달콤한 포도를 따거나 와이너리를 견학하는 체험도 있고 대부 포도로 만든 토종 와인도 판매하니 대부도만의 특별한 포도를 즐겨보자.

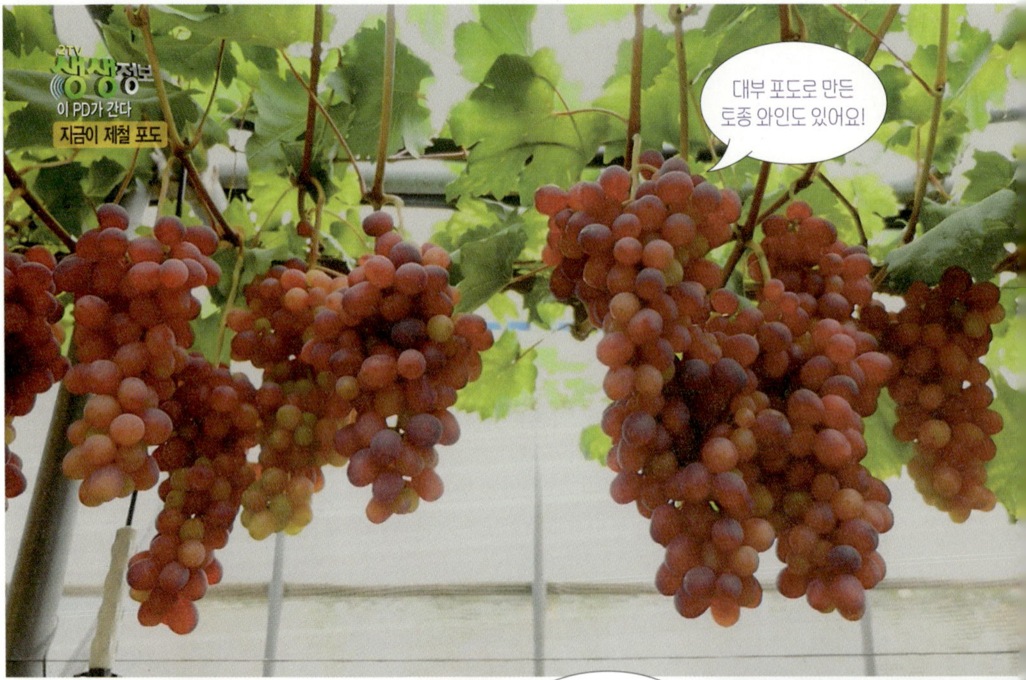

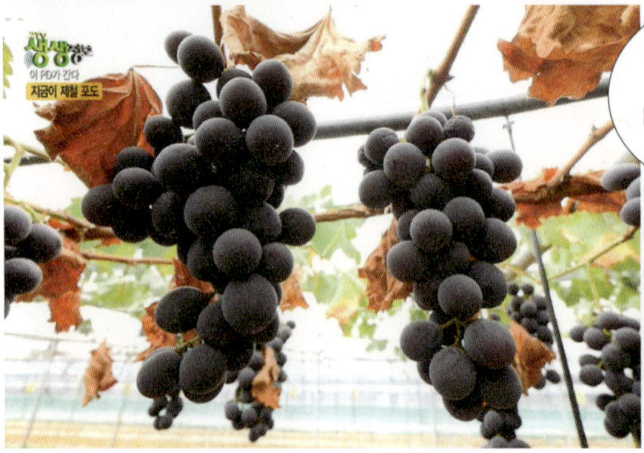

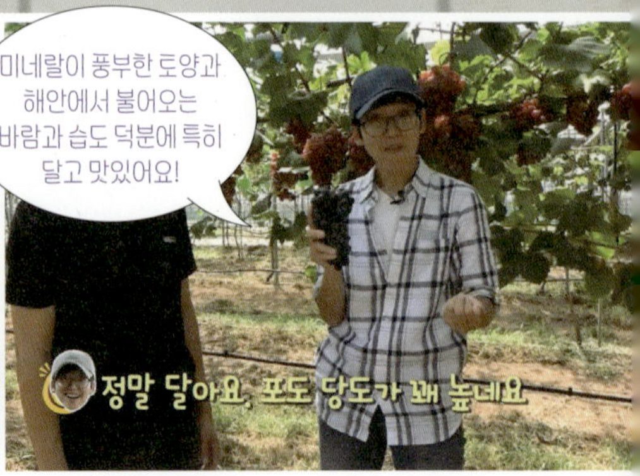

해물 된장 빠글장

청정한 갯벌을 품은 대부도는 바지락이 유명하다. 호미로 갯벌을 긁을 때 부딪히는 소리가 바지락, 바지락 하다고 붙여진 이름이라고 하니 더 재미있다. 갯벌이 주는 산물은 바지락만이 아니다. 싱싱한 굴과 조개와 큼지막한 소라 등이 숨어 있다. 이 다양한 해산물로 찜도 하고 구이도 만들지만 대부도에서는 예부터 해물 된장 빠글장을 만들었다. 냄비에 육수를 넣고 된장 한 숟가락과 고춧가루를 더한 뒤 다양한 해산물을 넣고 국물이 졸 때까지 빠글빠글 끓여야 완성된다고 해서 빠글장이다. 된장찌개처럼 먹기보다 덮밥처럼 밥과 함께 비벼 먹는데 고슬고슬 갓 지은 돌솥밥에 빠글장을 올리면 구수하면서도 칼칼한 맛이 밥 한 공기가 모자랄 정도다. 사이사이 씹히는 탱글탱글한 바지락과 우렁이는 더욱 고소한 맛이다.

신비로운 지구의 역사를 찾아서

연천 전곡리 유적 · 재인폭포 · 연천 스카이워크 · 연천 콩

여름에 가면 좋아요 · 아이와 함께 가기 좋아요 · 산 전망 좋아요 · 하루 꼬박 걸려요

경기도에서 가장 북쪽에 있는, 그렇기에 북한과 가장 가까운 연천군은 신비로운 자연을 품고 있는 곳이다. 54만~12만 년 전 지금의 연천 지역에서 화산이 폭발해 용암이 끓어올랐다. 그때의 용암의 흔적이 2020년 유네스코 세계지질공원으로 승인된 한탄강지질공원이다. 지질공원은 하루가 부족할 정도로 독특한 볼거리들이 가득하다. 지구의 시간을 보여주는 아우라지 베개용암, 마치 붉은 병풍 같은 임진강 주상절리, 한탄강이 빚은 절경인 재인폭포 등 인간의 역사에 비해 깊고도 어마어마한 지구의 역사를 볼 수 있다.

연천 전곡리 유적

연천 전곡리 유적은 우리나라의 대표적인 구석기 유적으로 30만 년 전의 인류가 남긴 주먹도끼가 발견되며 전 세계적인 유적지가 됐다. 그 가치를 기억하기 위해 연천에서는 매년 구석기 축제가 열리고 있다. 스페인, 포르투갈, 독일, 일본 등의 돌이 모여 있는 흥미로운 축제는 우리나라뿐 아니라 전 세계의 구석기 문화를 한자리에서 만날 수 있다. 축제의 하이라이트는 장작불로만 돼지고기를 익히는 원시시대 스타일의 대왕 꼬치다. 대형 화덕에서 큼직하게 굽는 바비큐는 기름기가 쏙 빠지고 불맛이 더해져 가족 모두 부담 없이 즐길 수 있다. 마치 구석기시대 인류가 된 듯한 다양한 프로그램을 경험해 보자.

 경기 연천군 전곡읍 양연로 1510 (운영) 하절기 09:00~18:00, 동절기 09:00~17:00, 월요일 및 공휴일 휴관

이PD 추천

전곡선사박물관
전곡리 유적 내에 있는 박물관으로, 유적에서 발견된 구석기시대 유물을 전시하고 있다. 볼거리가 많아 아이와 함께 가기 좋은 여행지다.

재인폭포

연천의 대표 관광지 재인폭포는 주상절리 절벽과 폭포가 만난 아름다운 곳이다. 연천 9경 중에서 가장 아름다운 곳으로 뽑히며 광대에 관한 슬픈 전설이 있기에 재인(才人)이란 이름이 붙었다.

약 18m 높이의 폭포 주변을 현무암 주상절리가 둘러싸고 있는데 지장봉에서 내려오는 거대한 물줄기가 현무암을 가로지르며 폭포를 만들었기에 아직도 조금씩 현무암을 깎고 있다고 한다. 색색깔의 나무가 가득한 숲과 주상절리, 그리고 하얗게 부서지는 폭포와 그 아래 에메랄드빛 소는 그림 같은 풍경을 보여준다. 자연의 경이로움을 다시금 느낄 수 있는 곳이다.

(주소) 경기 연천군 연천읍 부곡리 192 (운영) 하절기 10:00~17:30, 동절기 10:00~16:00

연천 스카이워크

대한민국 곳곳의 스카이워크는 아찔한 풍경을 만끽할 수 있는 스릴 넘치는 관광지다. 연천 스카이워크는 27m 높이로 병풍처럼 펼쳐진 주상절리가 감싼 재인폭포의 웅장한 모습을 볼 수 있는 포토 스폿이다. 스카이워크에 서면 천둥소리 같은 폭포 소리와 빛나는 물줄기가 어우러져 마음속 스트레스까지 씻어내는 듯하다.

주소 경기 연천군 연천읍 부곡리 192

스카이워크 옆쪽 계단으로 내려가면 폭포를 더 가까이에서 볼 수 있다.

연천 콩

연천은 예로부터 콩 재배 적지로써 이름난 곳이다. 특히 북쪽으로 북한과 접해 있어 민간인들의 통행이 제한된 지역이 많고 개발이 제한된 청정지역도 많아 깨끗한 자연환경이 그대로 유지되었다. 그곳에서 생산된 콩은 항암효과가 있는 아이소플라보노를 다량 함유하고 있고 두부수율도 높아 연천콩으로 만든 요리들은 더욱 고소한 맛을 자랑한다. 이 때문에 연천에는 콩 요리집들이 많이 있다. 고소한 손두부와 연천 콩두부로 만든 두부전골, 두루치기 등 맛있는 콩 요리를 놓치지 말자.

손두부

철판 두루치기

곳곳에 재미가 가득한 보물섬 대이작도

인천

부아산 · 대이작도 바다낚시 · 모래섬 풀등

봄에 가면 좋아요 · 산책하기 좋아요 · 바다 전망 좋아요 · 1박 2일 추천해요

복잡한 대도시 서울에서 회사와 집을 반복하다 보면 문득 답답하다는 생각이 든다. 때로는 바다로 둘러싸인 섬에서 시간을 잊어버리고 싶다. 그럴 때 수도권에서 너무 멀지 않으면서 가깝게 갈 수 있는 곳, 인천이 있다. 인천은 서해를 품고 있어 크고 작은 섬으로 이루어져 있는데 사람이 사는 유인도만 해도 38개나 된다. 그중 대이작도는 낚시와 등산을 한 번에 즐길 수 있어 누구나 여유로운 시간을 보낼 수 있는 곳이다. 인천항에서 뱃길로 두 시간여를 달려 대이작도에 도착하면 아담하고 한적해 보이는, 얼핏 보기에는 심심해 보이지만 곳곳에 재미가 가득한 섬 여행이 펼쳐진다.

부아산

대이작도에 오면 가장 먼저 부아산에 들러야 한다. 159m의 낮은 산이라 오르기도 쉽고 정상 부근까지 차로 갈 수 있어 누구나 부담이 없다. 마치 신선이 걷는 듯한 출렁다리를 건너면 곧바로 정상에 오를 수 있다. 대이작도의 동생 섬인 소이작도, 덕적도, 굴업도 등 주변의 섬이 아스라하게 펼쳐지고 그 사이의 쪽빛 바다는 힐링을 선사한다. 해 질 무렵에는 붉은색으로 물든 아름다운 노을도 감상할 수 있는 대이작도의 자연 전망대. 특히 산 정상 부근에 자리한 길이 68m, 높이 7m의 부아산 구름다리에서 내려다본 섬의 절경이 아름다우니 놓치지 말자.

주소 인천 옹진군 자월면 이작리

이PD 추천

대이작도 운항 정보

노선 인천항연안여객터미널 출발 → 자월도 경유 → 대이작도 선착장

소요시간 고려고속훼리 80분, 대부해운 120분

※ 운항시간과 소요시간은 현장 상황 및 날씨, 선사 사정에 따라 변동 가능.

대이작도 바다낚시

대이작도는 서해에서 낚시로 유명한 곳이기도 하다. 배로 20여 분을 달려서 대이작도의 황금어장에 도착하면 주위에 낚시 스폿을 찾은 배로 가득하다. 낚싯대를 드리운 지 얼마 되지 않아 우럭, 광어, 간자미 등 싱싱한 생선이 올라온다. 윤기가 흐르는 광어를 손질해 바로 먹으면 인절미 같은 쫀득함에 살살 녹는 부드러움이 입에서 춤춘다. 가오리 사촌인 간자미도 회로 먹기에 좋은데 그중 가슴뼈가 별미라고 한다. 억세지 않은 간자미 가슴뼈를 자근자근 다져서 뼈째 먹으면 뼈 부분은 오독오독하고 뼈에 붙은 살은 부드럽다. 낚시도 즐기고, 그 자리에서 생선회도 즐기는 바다낚시에 빠지지 않을 수 없을 것이다.

| 전라도 | 경상도 | 제주도 |

모래가 단단하면서도 부드러워요

모래섬 풀등

수심이 깊은 바다 한가운데 드넓게 펼쳐진 사막이라니! 이런 풍경이 한국에 존재한다는 것에 놀라게 될 것이다. 모래섬 풀등은 밀물 때는 보이지 않던 모래섬이 썰물 때 나타나는 것으로 대이작도의 신비로운 풍경 중 하나다. 대이작도 해안에서 배로 5분 남짓 달리면 모래섬에 도착하지만 아무리 주변을 돌아도 그 끝이 보이지 않는다. 배로 한 바퀴 도는 데 40분 정도 걸리고 면적이 30만 평에 이른다. 하루 두 번, 썰물 때만 모습을 드러내는 모래섬 풀등에 머물 수 있는 시간은 하루 4시간 남짓, 밀물 때면 다시 깊이 잠겨 감쪽같이 사라지는 바다 위의 신기루 같다. 짧은 시간이지만 모래섬을 걸으며 신비로운 신기루를 직접 경험해 보자.

천연방파제 풀등

풀등으로 쌓인 모래는 파랑 에너지를 감소시켜 태풍이나 해일 같은 자연재해를 막고 육지의 오염물질을 정화하는 역할을 한다.

주소 인천 옹진군 자월면 이작리

열려라 참깨!
바닷길아 열려라

선재도 바닷길(목섬)　　황금알 닭알탕　　추억의 생과자

겨울에 가면 좋아요　　아이와 함께 가기 좋아요　　바다 전망 좋아요　　반나절이면 충분해요

서울에서 가장 가까운 광역시인 인천은 여행하기에 더없이 좋은 곳이다. 레트로한 분위기를 가진 골목골목, 멋진 마천루를 자랑하는 도심, 개성 있는 섬이 곳곳에 펼쳐지는 바다를 모두 품고 있기 때문이다. 일제 강점기 때 개항의 흔적이 남아 있는 가슴 아픈 역사의 도시였지만 지금은 수출입의 창구로, 중국과 아시아를 향하는 중심 도시이기도 하다. 국제도시의 면모를 쌓아가고 있는 인천에서 역사와 시간의 어우러짐을 확인해 보자.

선재도 바닷길(목섬)

대표여행지

인천 대부도와 영흥도를 잇는 징검다리 섬 선재도에 모세의 기적과 같은 바닷길이 열린다. 고요하고 조용한 바닷가에 하루 두 번 간조 때 자연이 만든 신비의 길이 열리면 바닷길을 건너 목섬을 만날 수 있다. 푸른 나무로 뒤덮인 이 무인도는 CNN이 선정한 한국의 아름다운 섬 33개 중 1위를 차지할 정도로 아득하면서도 신비한 풍경을 자랑하는 곳으로 걸어가는 길 내내 남기고 싶은 장면을 선사한다. 목섬 주변 갯벌에서 바지락 등을 잡는 체험도 할 수 있으니 바다를 온몸으로 만끽해 보자.

이PD 추천
섬의 규모가 크지 않으니 산책 삼아 섬을 한 바퀴 걸으면 좋다.

주소 인천 옹진군 영흥면 선재리

황금알 닭알탕

닭알이라니? 흔히 달걀이라고 생각하기 쉽지만 달걀이 아닌 황금 닭알로 유명한 명물 골목이 인천에 있다. 언뜻 보면 달걀노른자와 비슷하지만 단단한 닭알은 암탉 한 마리에 5~6개가 들어있다. 고추를 종종 썰어 넣고 고추장, 고춧가루로 칼칼하게 국물을 내고 산란하지 못하는 늙은 암탉에서 나온 닭알과 알집을 넣고 제철 채소를 듬뿍 넣어 한소끔 끓이면 완성이다. 고기를 먹기 어려웠던 시절, 허기를 달래주고 영양을 채워준 닭알탕이 이제는 인천의 별미가 됐다. 젤리처럼 쫀득쫀득하고 탱탱한 닭알과 얼큰하면서 개운한 국물이 맛있게 조화를 이룬다.

추억의 생과자

7080세대라면 어린 시절 시장에 가면 종이봉투 가득 담아주던 생과자를 기억할 것이다. 지금은 화려한 봉지에 담긴 과자가 마트에 진열돼 있지만 그 시절의 생과자도 여전히 추억의 맛을 가지고 있다. 인천에서 40년이 넘도록 한결같이 사랑받는 생과자는 여전히 큰 통에 종류별로 담겨 무게를 재고 봉지에 담아준다. 모든 과자와 빵을 직접 빚는 데다가 옛 방식 그대로 색소나 향신료, 방부제도 사용하지 않아 더욱 담백하고 맛있다. 반죽부터 굽기까지 수십 번 손이 가는 작업을 고집스럽게 지켜온 주인의 손맛이 그대로 담겨 시간이 쌓아온 깊은 맛을 느낄 수 있다.

Special page

무더위를 피해 떠나는 여름 계곡 여행

여름휴가 시즌이 되면 고민이 시작된다. 드넓은 푸른 바다냐 초록의 숲 사이에 자리 잡은 계곡이냐. 이 PD의 선택은! 바로 여유롭고 깨끗하고 시원한 바람이 솔솔 부는 여름 계곡이다. 대한민국 구석구석 숨어 있는 매력적인 계곡을 찾아보자.

경기 가평 명지계곡

물놀이의 천국으로 알려진 가평에서도 더욱 특별한 명지계곡은 명지산 골짜기에서 맑고 깨끗한 물이 내려와 시원한 폭포를 이룬다. 상류에서 하류까지 무려 30km가량 길게 뻗어나가는 명지계곡은 강수량이 많지 않은 시기에도 풍부한 수량을 자랑한다. 하류 쪽은 수심이 얕고 물살이 세지 않아 아이들이 놀기에도 좋다. 가족이 다 함께 즐길 수 있는 청량한 여름의 계곡이다.

(주소) 경기 가평군 북면 도대리

경기 연천 동막계곡

때 묻지 않은 자연이 살아 숨 쉬는 한적한 동막계곡은 계곡물을 끌어 올려 마치 하늘에서 비가 내리듯 물줄기가 쏟아진다. 시원하게 흩날리는 물방울 사이로 비치는 무지개는 동막계곡만의 매력이 담겨 있는 듯하다. 계곡물을 따라 자리 잡은 바위틈에는 1급수에만 서식한다는 다슬기가 숨어 있어 계곡물이 얼마나 깨끗한지를 증명해준다. 울창한 숲으로 둘러싸여 있는 계곡은 숲의 피톤치드까지 만끽할 수 있어 자연을 더욱 가깝게 만날 수 있다.

(주소) 경기 연천군 연천읍 동막리

전남 구례 수락폭포

15m 높이에서 거침없이 쏟아지는 수락폭포 물줄기는 그 웅장하고 시원한 소리만으로도 무더위가 싹 날아갈 것 같다. 옛날부터 수락폭포의 물을 맞으면 허리 아픈 게 나았다고 해서 어르신들이 여름이면 폭포 물을 맞으며 마사지를 했다고 하니 힘차게 떨어지는 물줄기에 몸을 맡기고 시원하게 안마를 받아보자. 몸이 휘청거릴 정도의 세기이지만 얼음장같이 차가운 기운이 더위는 물론 아픔까지 사라지게 한다. 폭포 물이 고인 소 또한 맑고 깨끗하고 차가워서 느긋하게 수영을 즐기기에도 좋다. P.171 참고.

주소 전남 구례군 산동면 원달리

강원 인제 백담계곡

백담계곡은 흔히 볼 수 없을 정도로 깊은 수심을 갖추고 있는 계곡이지만 바닥이 훤히 들여다보일 정도로 맑고 깨끗해 물놀이를 즐기기에 가장 좋은 자연 풀장이며 스노클링의 명소로도 유명하다. 설악산에서 흘러나온 물줄기가 한데 모여 3m 정도의 수심을 이루고 1급수에서 산다는 어름치, 열목어도 쉽게 볼 수 있다. 상류는 무려 수심이 7m 정도에 달해 천연 다이빙대에 올라 다이빙을 즐기는 이들도 많았다. 하지만 지금은 다이빙이 금지됐다고 하니 차가운 물놀이로 백담계곡을 만끽해 보자.

주소 강원 인제군 북면 용대리

Special page

사계절 즐기는 우리나라 꽃 나들이

자연은 다채로운 색깔로 계절의 기쁨을 전해준다. 길가에 핀 노란 개나리, 아스라한 연분홍색의 벚꽃, 다양한 색을 자랑하는 매화꽃, 산허리에 자리 잡은 붉은 철쭉까지. 아름다운 꽃을 만나러 전국 곳곳을 찾은 이 PD의 발길을 따라 흐드러지게 핀 꽃을 마음껏 만나보자.

매화 경남 양산 순매원 (P.265)

순백의 매화가 하얀 팝콘처럼 흐드러지게 피어 봄소식을 알리는 양산 순매원. 다홍빛의 홍매화, 흰 꽃의 백매, 푸른 꽃받침의 청매까지 주변에서는 쉽게 보기 어려운 매화가 가득해 더욱 특별하다. 달콤한 매화꽃 향기를 따라 봄의 기운을 만끽해 보자.

산수유꽃 전남 구례 산수유마을 (P.167)

봄을 맞은 남도의 산수유마을에 가면 노란 꽃망울을 터트린 산수유꽃이 눈을 사로잡는다. 1,000년 전에 심은 산수유나무가 군락을 이루어 지금은 마을 전체를 아름답게 수놓고 있다. 기분까지 밝아지는 아름다운 노란색을 만나러 산수유마을을 찾아보자.

철쭉 경남 합천 황매산

황매산 철쭉을 제대로 만나기 위해서는 체력이 필요하다. 가파른 경사에 거대한 암벽을 2시간가량 오르면 산속의 화원 철쭉 군락지가 나타난다. 마치 진분홍색 융단을 깔아놓은 듯 황홀한 풍경을 선사하는 철쭉밭은 기적의 길 끝에 나타나 더욱 행복을 더한다. 철쭉밭까지 도로가 깔려 있으니, 등산은 하지 않고 철쭉만 즐기고 싶다면 자가용으로 이동해 보자. **주소** 경남 합천군 가회면 둔내리 1319

벚꽃·유채꽃·튤립 경남 남해 장평저수지

남해의 장평저수지는 봄소식을 온몸으로 느낄 수 있는 곳이다. 한쪽은 저수지가 드넓게 펼쳐지고 한쪽은 벚꽃, 튤립이 가득한 화원이 펼쳐진다. 봄바람 따라 흔들리는 노란 유채꽃과 소담하게 아름다움을 뽐내는 붉은색·분홍색·노란색 튤립, 그리고 은은하게 빛나는 벚꽃까지, 사랑스러운 봄꽃의 노래를 들어보자.

주소 경남 진주시 이반성면 장안리

핑크뮬리 경기 포천 명성산

봄이 아닌 가을에도 아름다운 색깔을 만날 수 있는 포천 명성산에 가면 분홍빛 세상이 펼쳐진다. 미국에서 건너와 서양 억새로 알려진 핑크뮬리가 가득해 화사한 분위기를 선사한다. 포슬포슬한 모습이 마치 수채화로 그린 듯한 분홍색 바다 같은 풍경은 선선한 가을 날씨와 더욱 잘 어울린다. 가을에 명성산에 간다면 계절이 무르익을수록 빨갛게 물드는 동그랗고 귀여운 풀 댑싸리도 꼭 함께 찾아보자.

주소 경기 포천시 영북면 산정리

눈꽃 전북 무주 덕유산

덕유산 정상 향적봉에 오르면 추운 겨울에만 만날 수 있는 새하얀 눈꽃과 나무가 피워내고 바람이 조각한 얼음꽃 세상이 펼쳐진다. 봄에 피는 그 어떤 꽃보다 아름답다는 겨울꽃을 만나기 위해서는 체력과 노력이 필요하지만 온 세상을 하얗게 빛내는 눈의 산 위에서 만나는 눈꽃은 겨울 산의 웅장함과 하얀 눈의 신비로움을 함께 전해준다.

주소 경남 거창군 북상면 병곡리 산144-1

강원도

1 강릉
동해의 탄생을 찾아가는
새로운 강릉 여행

2 강릉
먹고 걷고 소원까지 이루어지는
강릉의 맛과 재미

3 고성
대한민국 최북단 고성으로
떠나는 여행

4 속초
신비한 호수를 찾아 떠나는
오감 만족 속초 여행

5 속초
사계절 만나고 싶은
속초의 비경을 찾아서

6 삼척
자연을 더 가까이, 감동을 더 가득히!

7 삼척
바다 내음 물씬 풍기는 여름 삼척 여행

8 양구
강원도 최북단에서 한반도를 만나다

9 영월
한반도를 품은 영월에서 만나는
붉은 메밀꽃

10 정선
겨울이 더 아름다운 눈꽃의 성지

11 태백
순도 100%
원시 자연의 매력을 마주하다

[Special Page]
이PD가 만난 속초의 맛

[Special Page]
물 위를 걷다!
철원 한탄강 물윗길

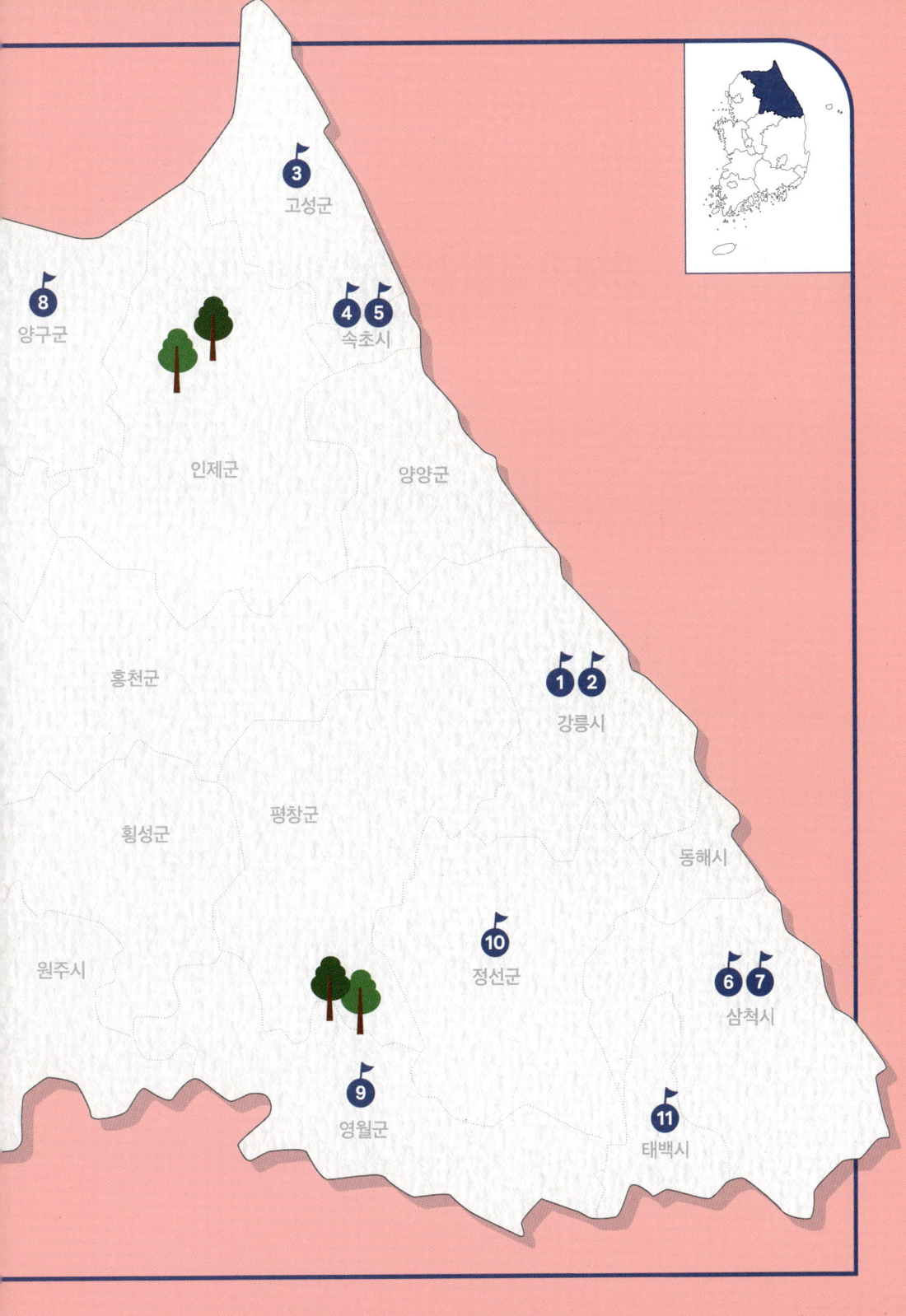

동해의 탄생을 찾아가는
새로운 강릉 여행

정동심곡 바다부채길   강릉중앙시장   강릉 초당두부

겨울에 가면 좋아요 / 드라이브하기 좋아요 / 바다 전망 좋아요 / 하루 꼬박 걸려요

강원도를 대표하는 도시 강릉은 크게 대관령의 풍광부터 운치 있는 정동진, 커피 향기 가득한 경포대와 맛있는 수산시장이 있는 주문진으로 이루어져 있다. 강릉에 처음 간다면 일출 명소 정동진에서 하루를 시작하고 손맛을 담은 초당순두부로 아침 식사를 한 뒤 경포대를 바라보며 커피 한잔, 그리고 대관령에서 자연을 즐기는 일정을 추천하지만 누구나 가는 관광지가 식상하다면 이 PD의 발길을 따라가 보자. 동해 탄생의 비밀을 간직한 바다부채길을 걷다가 간식과 음식이 가득한 중앙시장까지 들르면 새로운 강릉을 발견할 수 있을 것이다.

정동심곡 바다부채길

발아래 펼쳐지는 맑고 푸른 바다가 눈을 사로잡는 바다부채길은 바다를 향해 부채를 펼쳐 놓은 모양과 닮았다 하여 이런 이름이 붙었다. 원래 군사지역이었던 곳으로 지난 60년 동안 민간인의 출입을 통제했으며 2,300만 년 전의 지각 변동을 관찰할 수 있는 신비로운 곳이기도 하다. 아찔하게 늘어선 해안 절벽을 걷다 보면 마치 바다 위를 걷는 듯, 웅장한 기암괴석에 닿을 듯, 현실적이지 않은 신비로운 지구의 역사를 눈에 담을 수 있다. 쪽빛 바다와 멋진 풍경이 어우러지는 길을 걸으며 강릉을 마음 깊은 곳에 담아보자.

이PD 추천

주요 코스

해안 단구 입구 → 몽돌 해변 → 거북바위 → 투구바위 → 부채바위 → 작은 부채바위 → 심곡 전망타워

주소 강원 강릉시 강동면 헌화로 950-39(바다부채길 정동매표소) **운영** 하절기(4~10월) 09:00~17:30(매표 시간 16:30까지), 동절기(11~3월) 09:00~16:30(매표 시간 15:30까지) **요금** 성인 3,000원, 청소년 2,500원, 어린이 2,000원 **홈페이지** https://searoad.gtdc.or.kr/ **주의** 탐방로 낙석 피해로 복구 완료 시까지 운영을 중단하기도 하니, 반드시 방문 전에 홈페이지를 확인하도록 한다.

강릉중앙시장

이PD 추천

자가용을 이용한다면 남대천 공영주차장에 주차하면 편리하다.

주소 강원 강릉시 성남동 210

조선 시대와 일제 강점기를 거쳐 중앙시장이라는 이름으로 새롭게 단장한 이 시장은 강릉 사람들의 삶과 역사를 오랫동안 함께한 곳이다. 쌀, 옥수수, 메밀 등 강원도 농작물부터 산에서 생산되는 산나물·밤·버섯, 바다에서 잡은 해산물까지 다양한 품목을 찾을 수 있다. 이 중앙시장이 요즘은 또 다른 명물 덕분에 주목받고 있는데, 바로 맛있는 냄새로 유혹하는 간식거리다. 곱게 다진 생선 살을 동그랗게 반죽하고 바삭한 빵가루를 입힌 어묵크로켓부터 고소한 치즈를 듬뿍 채운 치즈크로켓, 커피콩 모양의 빵, 뜨거운 호떡 안에 차가운 아이스크림을 넣은 아이스크림 호떡 등 아이디어 가득한 간식거리가 즐비하다. 입이 심심할 때, 색다른 간식이 생각날 때 꼭 한 번 들러보자.

주소 강원 강릉시 금성로 21   운영 점포마다 다름

강릉 초당두부

이른 새벽 강릉 초당동에 가면 두부를 만드느라 구수한 냄새와 따뜻한 김이 가득하다. 햇콩을 맷돌에 갈아 삼베에 거른 뒤 가마솥에서 끓이면 따뜻한 순두부가 되고, 순두부를 네모난 틀에 넣고 2시간 정도 물기를 빼면 탄탄하고 담백한 모두부가 된다. 고소한 콩과 바다의 향을 품은 모두부는 먹기 좋은 크기로 잘라서 그냥 먹어도 맛있지만 채소를 듬뿍 넣어 전골을 만들기도 한다. 냄비에 모두부와 해산물, 쫄면 사리를 넣고 화끈한 불맛을 입힌 짬뽕을 더하면 시원하고 매콤한 해물 짬뽕 두부전골이 완성된다. 부드러운 모두부와 시원한 해산물이 어우러지는 맛 덕분에 짬뽕 순두부, 짬뽕 두부전골 모두 꼭 맛보고 싶은 별미다.

수도권 　　　　　　　　　　　　 강원도 　　　　　　　　　　　　 충청도

먹고 걷고 소원까지 이루어지는 강릉의 맛과 재미

소돌해안 일주 산책로 　　　 강릉 소원바위 　　　 임연수어

❄️ 겨울에 가면 좋아요 　 🏃 산책하기 좋아요 　 🌊 바다 전망 좋아요 　 ⏰ 하루 꼬박 걸려요

여행의 재미는 무엇보다 '맛'이 아닐까. 강릉은 그 맛에 대한 기대를 충분히 충족시키고 만족시키는 여행지다. 바다에서 건져낸 다양한 해산물과 산에서 찾은 농산물이 어울려 강릉만의 담백하면서 토속적인 맛을 만들어낸다. 초당두부, 감자옹심이, 황태구이 등이 유명하지만 겨울이 제철인 임연수어도 빼놓을 수 없다. 목포 만석꾼은 민어 껍질에 밥을 싸 먹다 가산을 탕진하고 강원도 최 부자는 임연수어 껍질에 밥을 싸 먹다 망했다는 옛이야기가 있을 만큼 임연수어의 맛은 소문이 자자하다. 강릉의 맛과 멋을 모두 즐기는 여행을 떠나보자.

소돌해안 일주 산책로

강릉의 자그마한 마을 소돌은 마치 소가 누워 있는 모습을 닮았다 해 소돌(牛岩)이라 이름이 붙었다. 강릉 북쪽의 해안도로를 따라 걷는 소돌해안길은 거센 바람과 파도를 맞아 멋진 모습으로 깎인 기암괴석을 볼 수 있는 재밌는 길이기도 하다. 최근 힐링 트레킹 코스로 각광받는 곳으로 마치 소를 닮은 듯한 바위, 코끼리를 닮은 듯한 바위 등 자연이 만든 신기한 모습의 바위들로 가득하다. 길지 않으니 가벼운 마음으로 자연의 품에 빠져보자. 길을 따라 걸으면 약 1시간 30분 정도 소요된다.

주요 코스 주문진 버스 종점 → 주문진해변 → 아들바위공원 → 주문진등대 → 주문진항 → 주문진수산시장 → 이사부크루즈

이PD 추천

주문진 인기 해변 두 곳

산책로 인근에는 요즘 MZ 세대 사이에서 핫한 해변 2곳이 있다. 바로 BTS 팬들의 성지로 불리는 향호해변과 드라마 <도깨비>의 촬영지 영진해변. 향호해변에서는 BTS가 음반 재킷을 촬영했고, 영진해변에서는 주인공 공유가 김고은에게 메밀꽃을 건네는 장면을 찍었다.

주소 [향호해변] 강원 강릉시 주문진읍 향호리, [영진해변] 강원 강릉시 연곡면 영진리 72-2

주변여행지

강릉 소원바위(아들바위공원)

이PD 추천

함께 둘러 보면 좋은 강릉 8경

경포대, 오죽헌, 소금강, 정동진, 선교장, 대관령 자연휴양림, 강릉 단오제, 경포도립공원

신기한 모습의 바위가 가득한 소돌해안길에서 가장 유명한 바위는 특별한 행운이 찾아온다는 소원바위다. 옛날 한 노부부가 이 바위에 백일기도를 한 후에 아들을 얻었고 그 이후 아들을 원하는 부부에게 아들을 점지해 준다는 소문으로 유명해졌다. 그래서 아들바위라고도 부른다. 소원바위에 손을 얹고 돌멩이를 하나씩 올리면서 간절하게 소원을 빌면 이루어진다고 하니 소원 하나를 돌멩이 담아 올려보자. 언젠가 이뤄지기를 꿈꾸면서 말이다.

주소 강원 강릉시 주문진읍 주문리 791-47 홈페이지 http://sodolpark.co.kr/

임연수어

임연수어의 전설

임연수어 맛에 반한 최 부자

맨날 임연수어만 사 먹다가

렁렁~ 렁렁~

최 부자의 슬픈 전설

겨울의 끝자락이 되면 동해에는 반가운 이름의 물고기가 나타난다. 바로 2월부터 3월까지가 제철인 임연수어로 새벽부터 임연수어를 찾아 나선 배 덕분에 주문진 바다는 밤에도 대낮처럼 훤하다. 임연수어는 수심이 깊은 바다에서 서식하다가 산란기에 연안으로 올라오기 때문에 이때 잡는 임연수어는 살이 통통하고 기름기가 흐른다. 임연수어는 무를 약간 깔고 조려서 먹기도 하고 튀김으로 만들기도 하는데 살짝 말려서 구워 먹어도 맛있다. 임연수어를 노릇노릇하게 구우면 겉은 바삭하고 속은 촉촉해 자꾸만 손이 간다. 껍질을 살짝 벗겨 김처럼 밥을 싸 먹으면 더욱 별미다. 씹을수록 고소한 맛이 나 자꾸 생각나니 왜 최 부자가 임연수어를 먹다가 망했는지 이해가 된다.

임연수어구이 · 임연수어튀김 · 임연수어조림

임연수어는 비타민A와 E가 풍부해 시력 보호와 면역력 향상에 도움을 준답니다.

대한민국 최북단 고성으로 떠나는 여행

능파대 · 고성 스쿠버다이빙 · 메밀막국수

여름에 가면 좋아요 · 산책하기 좋아요 · 바다 전망 좋아요 · 하루 꼬박 걸려요

볼수록 아름답고 신기한 금강산이 지척에 있는 강원도 고성은 아름다운 자연과 다양한 체험으로 인해 새롭게 인기를 얻고 있는 곳이기도 하다. 서쪽으로는 백두대간, 북쪽으로는 DMZ 너머 금강산이 보이는 위치는 우리나라에서도 고성밖에 없으며 산과 계곡, 바다를 모두 볼 수 있는 지형 또한 여행자를 불러 모으기에 더할 나위가 없다. 시야가 탁 트인 날에는 통일전망대에서 금강산부터 해금강, 백두대간의 한 줄기를 볼 수 있어 통일을 기다리는 이들에게 조금이나마 위안이 되는, 강원도 최북단 고성에서 작은 금강산을 만나보자.

능파대

능파대는 작은 금강산이라 불릴 정도로 다채로운 자연의 조각품을 볼 수 있는 곳으로 마치 커다란 벌집과도 닮았다. 바닷물의 소금기가 바위를 비집고 들어가 만든 염풍화 때문에 바위에 독특한 문양을 만든 것이다. 기묘한 모양의 기암괴석 사이로 500m 정도 길이의 산책길이 나 있어 바로 앞의 문암해안과 함께 웅장한 자연을 눈앞에서 느낄 수 있다. 시리도록 푸른 동해에서 밀려오는 파도가 여전히 조각을 만들고 있으니 그 모습을 보는 것만으로도 지구의 호흡을 엿보는 듯하다. 또한 파도가 조각한 작은 금강산은 금강산에 대한 아쉬움을 조금은 덜어줄 것이다.

주소 강원 고성군 죽왕면 괘진길 65

바닷속 마이산

바닷속 금강산

주변여행지

고성 스쿠버다이빙

이PD 추천

해수욕장, 항구 등 바닷가 주변을 따라 다이빙 숍들이 늘어서 있어요.

동해의 거센 파도를 헤치며 뱃길로 20여 분을 달리면 제주 문섬, 울산의 왕돌초와 함께 국내 3대 다이빙 포인트로 꼽히는 곳을 찾을 수 있다. 수심 25~40m로, 산호 천국을 만날 수 있는 제주 문섬의 수심이 15.4m 정도니 무척 깊은 편이다. 설레는 마음을 안고 바닷속으로 풍덩 빠지면 다채로운 종류의 물고기가 바쁘게 이동하는 모습을 지나 감탄을 일으키는 바닷속 금강산을 만날 수 있다. 말의 귀 모양을 닮았다는 마이산 같은 돌산과 신비로운 협곡으로 가득한 그 모습이 지상의 금강산 못지않다. 그 안에 숨어 있는 아름다운 산호와 고운 빛깔의 물고기 또한 신비로운 모습을 더한다. 전문가와 함께하니 너무 두려워하지 말고 고성에서의 특별한 바닷속 체험을 경험해 보자.

능파대에서도 스쿠버다이빙을 즐길 수 있어요~

전라도   경상도   제주도

메밀막국수

강원도 하면 메밀 요리를 놓칠 수 없다. 메밀은 전국 각지에서 생산되지만 척박한 땅에서도 잘 자라고 파종 후 빨리 수확할 수 있어서 강원도에서 구황작물로 그 역할을 톡톡히 한다. 산이 많고 눈이 많이 오는 척박한 강원도에 더없이 알맞은 곡물이 아닐까 싶다. 구수한 메밀로 만든 면을 차가운 물에 헹구고 살얼음 띄운 동치미에 넣으면 동치미막국수가 완성된다. 동치미의 톡 쏘면서도 달콤하고 상큼하고 새콤한 맛이 펼쳐지는 화려한 막국수다. 매콤한 명태회무침에 구수한 메밀면, 참기름, 양념장, 아삭한 채소를 듬뿍 올리면 고성 스타일의 비빔막국수가 된다. 매콤하면서 아삭아삭한 고성의 별미니 이곳에 온다면 메밀막국수와 명태회무침의 조화로움을 놓치지 말자.

명태회무침도 함께 먹어보세요.

명태회무침

신비한 호수를 찾아 떠나는
오감 만족 속초 여행

영랑호수윗길 · 청초호 · 속초관광수산시장

겨울에 가면 좋아요 · 산책하기 좋아요 · 바다 전망 좋아요 · 하루 꼬박 걸려요

저 멀리 태평양으로 이어지는 드넓은 동해와 아름다운 영랑호와 청초호, 풍경화를 닮은 듯한 설악산을 품은 도시 속초는 강원도에서 한 달 살기를 하고 싶은 도시에 항상 꼽히는 곳이다. 봄에는 꽃으로 둘러싸인 호수가, 여름에는 풍덩 빠져들고 싶은 해수욕장이, 가을에는 병풍을 닮은 듯한 설악산이, 겨울에는 눈 쌓인 아름다운 풍경이 우리를 부른다. 거기에 더해 메밀전병, 올갱이국수, 오징어순대 등의 강원도 토속 음식과 함께 물회, 닭강정, 감자빵 등 MZ세대를 끌어들이는 음식까지 있으니 속초 여행은 더욱 즐거울 수밖에 없다.

영랑호수윗길

영랑호는 바닷물과 민물이 만나는 거대한 석호로 그 둘레가 7km가 훌쩍 넘을 정도로 큰 규모를 자랑하며 잔잔한 물길이 그림 같은 풍광을 빚어내는 곳이다. 신라 화랑 영랑이 이곳에 머물며 풍류를 즐겼다 하여 영랑호라 이름 붙었다. 산책을 하기도 좋고 드라이브를 하기도 좋아서 사계절 속초 시민들의 명소가 되는 곳이기도 하다. 그 영랑호에 2021년 부교, 영랑호수윗길이 개통됐다. 그 길이가 무려 400m에 달하고 부교 한가운데 있는 원형 광장에 서면 폭우가 내려야만 볼 수 있다는 국내 최장 폭포인 설악산 토왕성폭포와 장엄한 자태의 울산바위, 그리고 웅장한 병풍처럼 펼쳐진 설악산을 한눈에 담을 수 있다. 한 폭의 수묵화 같은 설악산의 풍경을 만나고 싶다면 영랑호수윗길을 걸어보자. 잔잔한 영랑호 또한 마음까지 부드럽게 감싸줄 것이다.

주소 강원 속초시 영랑호반1길 49 운영 하절기(3~10월) 06:00~22:00, 동절기(11~2월) 07:00~21:00

청초호

영랑호 못지않은 크기의 청초호는 둘레가 5km에 달하는 자연 석호다. 바닷물과 민물이 만든 청초호호수공원을 거닐다 보면 때 묻지 않은 자연생태계를 조망할 수 있어 더욱 특별하다. 청초호는 낮에도 아름답지만 밤에는 더욱 특별한 모습을 자랑한다. 드넓은 청초호가 어둠에 잠기면 색색의 조명이 화려하게 켜지면서 마치 밤하늘의 별빛이 호수와 그 주변에 내려앉은 듯한 모습을 보여준다. 오색 불빛을 따라 환상의 동화 속으로 빠지게 만드는 청초호의 아름다운 야경은 아이들과 함께하기에도 좋고 친구나 연인과 함께하기에도 더없이 아름답다.

주소 강원 속초시 엑스포로 140(청초호호수공원)

| 전라도 | 경상도 | 제주도 |

속초관광수산시장(속초중앙시장)

강원도 속초의 먹거리 일번지라 불리는 속초관광수산시장은 강원도 음식 하면 떠오르는, 감자를 곱게 갈아서 노릇노릇하게 부친 감자전에 구수하고 달콤한 수수부꾸미, 매콤한 메밀전병까지 모두 맛볼 수 있는 곳이다. 가장 인기 있는 건 홍게와 대게를 그 자리에서 쪄서 바로 먹는 게찜으로 쫄깃쫄깃하면서 간간한 바다의 맛을 부담 없이 경험할 수 있다. 또한 강원도 생막걸리를 넣은 추억의 막걸리빵은 톡 쏘는 막걸리로 발효시켜 더욱 부드럽고 폭신폭신하다. 소박하고 투박하지만 그 맛만큼은 엄지손가락을 번쩍 들게 되는 강원도의 맛이 한자리에 모여 있어 이곳저곳을 참새방앗간처럼 들를 수밖에 없을 것이다. 시장은 크게 청과골목, 고추골목, 닭전골목, 순대골목, 젓갈어시장골목, 의류 및 잡화와 건어물을 판매하는 상가까지 총 6개 구역으로 이루어져 있다.

주소 강원 속초시 중앙로 147번길 12 운영 점포마다 다름(주차장 이용 08:00~21:00, 시장에서 1만 원 이상 구매 시 지급하는 주차권 이용, 1일 1차량 1시간권 2장까지 사용 가능) 홈페이지 http://sokcho-central.co.kr/

 이PD 추천

속초 갯배

시장 바로 옆에는 드라마 <가을동화>에 등장해 인기를 끈 갯배가 있다. 시장이 있는 시내와 아바이마을을 잇는 배다. 거리가 50m밖에 되지 않아 탑승시간은 3~5분에 불과하지만, 체험 삼아 타보는 것도 재미있다.

주소 강원 속초시 중앙부두길 39 요금 (편도) 성인 500원, 어린이 300원

사계절 만나고 싶은 속초의 비경을 찾아서

영금정　　외옹치 바다향기로　　딸기 수확 체험　　속초 홍게

그 바다가 **만들어내는 풍경**

- 겨울에 가면 좋아요
- 아이와 함께 가기 좋아요
- 바다 전망 좋아요
- 하루 꼬박 걸려요 (1 day)

맛있는 속초 여행도 즐겁지만 그 안에 담겨 있는 자연의 풍경 또한 놓칠 수 없는 매력이다. 영랑호, 청초호 두 개의 거대한 호수와 푸른 바다, 설악산을 모두 만날 수 있는 다채로운 풍광 덕분에 속초 여행은 더욱 즐거워진다. 아침에 일어나 창문을 열면 햇빛이 흐드러지게 쏟아지는 동해를 눈에 담을 수 있고 고개를 돌리면 봄에는 꽃으로, 여름에는 초록빛으로, 가을에는 단풍의 빛깔로, 겨울에는 하얀 눈을 담은 설악산이 펼쳐진다. 그 사이에는 걷고 싶고 머물고 싶은 호수가 있으니 어찌 속초에 머무르고 싶지 않을까.

전라도 　　　　　　　경상도　　　　　　　제주도

이곳에서 거문고 소리가 들린다고 하는데요?

대표여행지

영금정

속초 영금정(靈琴亭)은 파도가 바위에 부딪히면서 '신령한 거문고' 소리를 낸다는 신비로운 이야기가 담겨 있다. 속초를 대표하는 관광지로 석벽 위에 있는 정자에서 파노라마처럼 펼쳐지는 풍경을 감상한 뒤 바다 위에 놓인 다리를 건너가면 해돋이 정자로 유명한 정자까지 볼 수 있다. 속초에서 일출과 일몰의 기억을 남기고 싶다면 영금정을 찾아보자.

주소 강원 속초시 영금정로 43

외옹치 바다향기로

이PD 추천

**외옹치 구간
4가지 테마 코스**

대나무 명상길
하늘 데크길
안보 체험길
암석 관찰길

65년 동안이나 민간인의 발길이 닿지 않았던 곳에 드디어 길이 열렸다. 오로지 시간의 두께만이 쌓인 곳이라 공기도 바다도 풍경도 더 깨끗한 곳, 바로 외옹치다. 외옹치를 걸으면 온몸으로 바다를 느낄 수 있다. 수평선이 보이지 않을 정도로 거대한 바다와 향기로운 바다 냄새를 풍기는 맑은 물, 눈이 시리도록 푸른 그림 같은 풍경이 펼쳐진다. 울창한 소나무가 시원한 그늘을 만들어 여름도 두렵지 않은 곳이다. 솔 향기와 바다의 향기가 어우러지는 곳에서 힐링의 시간을 가져보자.
코스는 크게 외옹치 구간(약 1km)과 속초해수욕장 구간(약 1km)으로 나뉜다. 해변을 따라 걷고 싶다면 속초해수욕장 구간을, 다양한 자연경관을 구경하고 싶다면 외옹치 구간을 따라 걸으면 좋다.

주요 코스 외옹치항~속초해수욕장(약 2km) **주소** 강원 속초시 대포동~조양동
운영 하절기(4월~9월) 06:00~20:00, 동절기(10월~3월) 07:00~18:00 ※ 기상악화 시 통제될 수 있음.

굴바위, 지네바위 등 해안가에 형성된 기암괴석을 구경하는 재미가 쏠쏠해요!

전라도 경상도 제주도

딸기 수확 체험

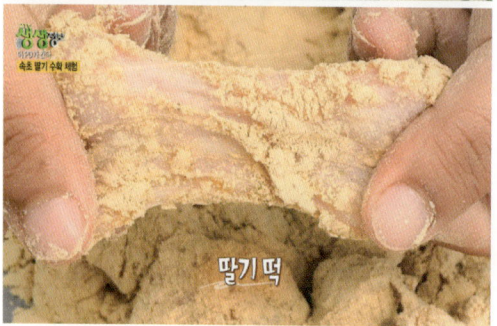

빨갛고 달콤한 딸기는 누구나 좋아하는 과일이다. 딸기를 직접 따서 마음껏 먹을 수 있다면 얼마나 좋을까? 딸기 축제로 유명한 응골마을에서는 딸기 수확 체험도 할 수 있다. 줄기마다 맛있게 익은 딸기를 고사리 같은 손으로 따는 아이들, 마치 어린 시절로 돌아간 듯 웃음을 머금으며 딸기를 따는 어르신들, 서로에게 딸기를 따주는 연인들로 인해 더욱 행복한 시간이다. 직접 딴 딸기에 찹쌀밥을 넣어 딸기떡을 만들면 씹을 때마다 딸기 향이 솔솔 나는 떡까지 맛볼 수 있다.

[응골딸기마을] 주소 강원 속초시 응골길 44-46 전화 033-635-3338 홈페이지 http://sokchoberry.com/new/main/ 운영 전화 문의 요금 전화 문의

속초 홍게

바다를 품은 도시를 여행하는 가장 큰 즐거움은 다양한 해산물이 아닐까? 속초에서는 동해를 지키는 붉은 꽃, 홍게를 빼놓을 수 없다. 제철을 맞은 홍게는 눈이 크고 살이 단단히 차올랐으며 알이 탱탱하게 들어 있다. 그냥 쪄서 살만 발라 먹어도 촉촉한 살을 즐길 수 있으니 더욱 간편하다. 속초에서는 맥반석 위에 게를 쪄서 불을 끄고 뜸이 드는 동안에도 온도가 유지돼 홍게 살이 더 촉촉해진다고 한다. 홍게 내장에 촉촉한 대게 살을 찍어 먹으면 더욱 별미라 하니 홍게의 신세계를 만나고 싶다면 속초를 찾아보자.

Special page

이 PD가 만난 속초의 맛

여행에서 가장 중요한 것은 무엇일까? 누군가는 멋진 풍경이, 누군가는 휴식 같은 시간이, 누군가에게는 그 지역에서만 먹을 수 있는 맛있는 음식이 중요할 것이다. 속초를 찾는 사람들이 기대하는 '속초의 맛'은 무엇일까? 사시사철 싱싱한 해산물과 북한과 가까운 덕분에 전해져 온 북한의 전통적인 음식까지 맛볼 수 있는 속초의 맛 여행을 도전해 보자.

속초 해산물

속초 수산시장에 가면 못생긴 삼세기, 얼굴만 한 키조개, 큼직한 멍게와 개불까지 싱싱한 해산물이 가득하다. 그중에서도 새빨간 갑옷 안에 달짝지근한 속살을 품은 동해의 붉은 꽃 홍게가 가장 인기다. 홍게를 쪄 고소한 홍게 살을 먹고 홍게 내장에 밥을 슥슥 비비면 바다 향이 물씬 풍기는 진하고 고소하고 담백한 맛이 수저를 놓을 수 없게 만든다.

오징어빵

속초 오징어빵은 오징어를 꼭 닮은 귀여운 모습에 오징어가 콕콕 박혀 있어 더욱 재밌는 모양이다. 우선 몸통에 갖가지 채소에 오징어를 듬뿍 넣은 소를 채우고 통통해진 몸통에 머리와 다리를 붙이면 완성! 담백한 빵과 고소한 오징어가 잘 어울리는 속초의 특별한 간식거리다. 팥, 피자, 호박, 치즈 등 다양한 맛이 있다.

아바이순대

속초에서 가장 유명한 먹거리인 아바이순대는 실향민 마을에서 처음 만들기 시작했다. 함경도 지방의 향토 순대로 '아바이'는 크고 푸짐하다는 뜻이라고 한다. 향긋한 깻잎장아찌에 가자미식해를 올리고 아바이순대를 싸서 먹는 것이 제대로 먹는 방법이라고 하는데 그냥 먹어도, 달걀을 살짝 입혀서 먹어도 그 안에 담겨 있는 향토의 향을 물씬 느낄 수 있다.

명태순대

아바이마을의 별미 중의 별미는 정통 이북식 순대인 명태순대다. 명태의 내장과 뼈를 발라내 소를 채운 것으로 소 안에 든 묵은지의 짭조름한 맛과 명태의 담백한 맛이 그대로 담겨 있다. 어디서나 쉽게 맛볼 수 없는 특별한 음식이니 속초에 왔다면 보기만 해도 색다른 명태순대를 꼭 한번 찾아보자.

생선구이

동해의 풍요로운 어장을 품고 있는 속초에서는 임연수부터 도루묵까지 싱싱한 생선을 그대로 구워 먹는다. 보통은 소금을 뿌려 간을 하지만 속초에서는 소금물로 간을 하고 숙성시킨다고 하니 간이 일정하게 배고 더욱 촉촉하다. 소금물 덕분인지 비리지도 않고 짜지도 않으면서 촉촉한 결이 그대로 살아 있어 밥이 없어도 맛있게 먹을 수 있다.

자연을 더 가까이,
감동을 더 가득히!

초곡 용굴촛대바위길 ・ 덕풍계곡(용소골) ・ 연탄구이

여름에 가면 좋아요 ・ 아이와 함께 가기 좋아요 ・ 바다 전망 좋아요 ・ 하루 꼬박 걸려요

삼척 하면 어르신들은 탄광을 먼저 떠올리겠지만 MZ세대는 탁 트인 바다가 펼쳐지는 새천년해 안도로와 캠핑을 떠올릴 것이다. 강원도 동남쪽 끝에 자리한 동해안의 관문 삼척은 산과 바다, 동굴과 계곡을 모두 갖춘 천혜의 도시로 자연을 더욱 가까이 느낄 수 있는 곳이기도 하다. 열차를 이용하기도 좋고 시티투어도 잘돼 있어 뚜벅이 여행자에게도 추천하는 도시다. 탄광 문화도 살펴볼 수 있는 레트로한 여행지 삼척에서 간직하고 싶은 나만의 포토 스폿을 찾아보자.

전라도 · 경상도 · 제주도

초곡 용굴촛대바위길

어쩌면 삼척에서 가장 유명한 길이 아닐까 싶은 용굴촛대바위길은 2019년에 개방한 곳으로 개방한 직후에는 주말 평균 5,000명이 모여들 정도로 인기였다. 죽은 구렁이를 살려주자 용으로 변해 승천했다는 이야기가 전해지는 초곡리의 용굴 부근에는 아름다운 바위가 줄지어 서 있다. 절벽을 따라 낸 데크를 건너 바다가 보이는 출렁다리를 지나 전망대에 올라가면 자연이 만든 웅장한 조각품, 촛대바위와 거북바위 등 저마다의 독특한 모양을 자랑하는 바위들이 눈앞에 펼쳐진다. 지구의 시간이 만들어낸 자연의 풍경은 답답한 생각을 모두 날려버릴 정도로 벅차면서도 설렐 것이다. 삼척이 품은 지구의 역사를 확인할 수 있는 곳이다.

주요 코스 초곡항~삼척시 근덕면 초곡리(약 700m) **주소** 강원 삼척시 근덕면 초곡리 **홈페이지** https://www.samcheok.go.kr/tour/ **운영** 하절기(3월~10월) 09:00~18:00(입장 마감 17:00), 동절기(11월~2월) 09:00~17:00(입장 마감 16:00), 매주 월요일 휴관 ※ 반려동물 입장 금지(케이지 사용에 한하여 입장 가능)

덕풍계곡(용소골)

이PD 추천

덕풍계곡캠핑장

덕풍계곡 초입에 덕풍마을에서 운영하는 야영장과 캠핑장이 있어요. 편하게 머물다 가고 싶거나 캠핑을 즐기고 싶다면 참고하세요.

주소 강원 삼척시 가곡면 덕풍길 44
홈페이지 http://valley.invil.org/

삼척에서 여름 휴가지로 인기 있는 응봉산 용소골은 온통 암반으로 둘러싸인 오지 중의 오지였다. 20년 전만 해도 들어가는 길이 없었던 험난한 길을 헤치고 찾은 용소골은 그야말로 태곳적 신비를 그대로 간직하고 있다. 나무가 빽빽하게 우거진 숲길 사이에 1급수에 산다는 버들치가 가득한 맑은 물이 땀을 식혀주고, 40여 분 정도의 산행 끝에 폭포수가 쏟아져 오묘한 빛깔을 자랑하는 덕풍계곡을 만날 수 있다. 어두운 계곡물은 그 깊이를 보여주지만 사람들은 뼛속까지 차가운 물에서 물놀이를 즐긴다. 트레킹과 물놀이를 한 번에 즐길 수 있는 일석이조의 여행지다.

주소 강원 삼척시 가곡면 풍곡리

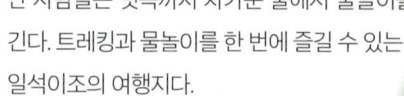

연탄구이

1970년대에 삼척 도계리는 석탄 채굴로 성업을 이뤘다. 시커먼 탄가루가 휘날려 까막동네라고 불렀을 정도였다고 하니 어떤 모습이었을지 능히 상상이 가능할 것이다. 이곳에 26년째 연탄으로 고기를 굽는 고깃집이 있다. 탄광에서 일한 광부들이 고기를 구워 먹으며 피로와 먼지를 날려버렸던 곳으로, 요즘 세대는 본 적도 없는 까만 연탄을 하얗게 태워 고기를 굽는다. 정성껏 손질한 한우를 높은 온도에서 구우면 빠르게 익어 입안에서 살살 녹는 부드러움만 남는다. 흔히 소고기를 먹고 나면 각종 채소와 칼칼한 청양고추를 듬뿍 넣어 청국장찌개를 먹지만 이곳의 별미는 국수까지 넣은 청국장국수다. 걸쭉하면서 칼칼하고 구수한 맛은 추억의 연탄구이와 찰떡궁합을 이루며 맛의 방점을 찍는다.

바다 내음 물씬 풍기는
여름 삼척 여행

장호항 · 갈남항 · 무건리 이끼폭포 · 삼척 문어

- 여름에 가면 좋아요
- 아이와 함께 가기 좋아요
- 바다 전망 좋아요
- 1박하기 좋아요

삼면이 바다로 둘러싸인 우리나라는 어디를 가나 바다를 조망할 수 있지만 각기 매력이 다르기에 더욱 여행자를 행복하게 만든다. 접근성이 좋고 해산물이 풍부한 서해에서는 다양한 체험을 즐길 수 있고, 아름다운 한려수도가 펼쳐지는 남해는 여유로운 느낌의 바다가 눈을 사로잡는다. 푸른 바다가 펼쳐지는 동해는 물이 맑아서 서핑, 스쿠버다이빙, 카약 등을 즐기기 좋고 태백산맥의 줄기를 따라 곳곳에 있는 계곡과 숲까지 즐길 수 있다. 바다 냄새 물씬 풍기는 해산물은 덤이다. 동해의 이 모든 것을 한곳에서 즐길 수 있는 삼척에서 그 다채로운 매력을 만나보자.

전라도   경상도   제주도

대표여행지
장호항

삼척의 여름 바다 하면 빠질 수 없는 곳, 바닥까지 보일 정도로 맑고 투명한 에메랄드빛 바다가 있는 곳, 덕분에 한 해 평균 70만 명이 찾는 곳, 바로 장호항이다. 한국의 나폴리라 불릴 정도로 아름다운 장호항의 특징은 무엇보다 맑은 물이다. 수심이 깊은데도 불구하고 깨끗해서 불가사리에 산호까지 보일 정도며 배를 타고 멀리 나가지 않고 수심 10여m만 내려가도 아름다운 고기 떼부터 가시 발로 무장한 성게, 다양한 산호까지 찾을 수 있다. 투명한 바다를 뽐내는 장호항에서 스노클링, 카약 등 다양한 체험으로 진짜 동해를 만나보자.

(주소) 강원 삼척시 근덕면 장호리

[장호어촌체험마을] (주소) 강원 삼척시 근덕면 장호항길 111
(전화) 070-4132-1601 (홈페이지) http://www.삼척장호어촌체험마을.kr/ (운영) 홈페이지 참고 (요금) 홈페이지 참고

이PD 추천
장호항에서 즐길 수 있는 체험
선상낚시체험, 체험다이빙, 투명카누생태체험, 스노클링, 시워커(2022년 이용 불가)

갈남항

관광객으로 가득한 장호항에서 차로 3분만 이동하면 한산하고도 아담한 백사장이 있는 갈남항이 보인다. 모래사장이 펼쳐지는 아기자기한 해안가는 산책하기도 좋지만 떠오르는 스노클링 명소이기도 하다. 장호항 못지않게 투명하고 맑은 바다를 만날 수 있어 번잡스럽지 않게 물놀이가 가능하다. 전문가의 안내에 따라 또 다른 바닷속 세계를 만날 수 있는 스노클링에 꼭 도전해 보자.

(주소) 강원 삼척시 원덕읍 갈남리 99-20 (홈페이지) http://www.갈남어촌체험마을.kr/ (운영) 홈페이지 참고
(요금) 홈페이지 참고

주변여행지

무건리 이끼폭포

육백산 자락 깊은 곳에 숨어 있는 삼척의 여름 명소, 아직 사람들에게 많이 알려지지 않은 특별한 폭포가 있다. 자연적으로 생성된 녹색 이끼로 덮여 있어 이끼폭포라고 부르는 곳으로 짙푸른 나무로 우거진 깊은 산속을 걷다 보면 어느새 해발 1,200m가 넘는 위치에 시원하게 떨어지는 폭포가 보인다. 자연 속에 숨어 있는 폭포는 눈으로 보기에도 즐겁고 경험하기에도 특별하다. 발이 시릴 정도로 차가운 폭포 물은 여름의 더위쯤은 가볍게 잊어버리게 만든다. 봉준호 감독의 영화 <옥자>의 배경이 되기도 했다.

이PD 추천

우리나라 3대 이끼폭포

평창 장전(가리왕산·중왕산), 영월 상동(구룡산·삼동산), 삼척 무건리(응봉산·육백산)

주소 강원 삼척시 도계읍 무건리 산86-1

삼척 문어

삼척 문어가 유명한 이유는 거센 바다 물살 덕분에 살이 더욱 연하기 때문이다. 삼척 앞바다에서 갓 잡아 올린 문어를 살짝 데쳐서 썰고 갖은 채소 위에 올린 다음 쫀득쫀득한 전복에 쫄깃한 골뱅이까지 넣고 문어물회를 만들면 시원하고 새콤해서 한 그릇이 아쉬울 정도다. 탱탱한 소면에 얼음까지 넣으면 여름에 더할 나위 없는 별미다.

피곤하고 지칠 때는 한우, 가리비, 홍합까지 더한 문어 해물 샤부샤부를 만나보자. 문어를 우린 육수에 각종 채소와 소고기를 넣고 전복으로 마무리하면 바다와 육지의 보양식이 모두 모인, 지친 몸과 입맛을 깨워줄 특별한 보양식이 된다.

강원도 최북단에서 한반도를 만나다

두타연 양구 오일장 양구 시래기

때 묻지 않은 자연이 살아 숨 쉬는 곳

겨울에 가면 좋아요 / 트레킹하기 좋아요 / 산 전망 좋아요 / 하루 꼬박 걸려요

강원도 최북단의 의미는 무엇일까? 분단의 나라 대한민국에서 북한과 가장 가까운 곳이라는 것이 아닐까? 강원도 최북단, 양구가 그러하다. DMZ의 모습을 볼 수 있는 곳이자 아직 '지뢰' 주의 표지판이 있는 곳이지만 한반도의 중심에서 한반도를 만날 수 있는 곳이기도 하다. DMZ 둘레길을 걸으며 낯선 풍경 속에서 아픈 분단의 역사를 되새기고 땀 흘리며 올라간 전망대에서 한반도 지형을 보며 벅찬 감동을 느낄 수 있는 곳, 양구에서 또 다른 대한민국을 만나보자.

| 전라도 | 경상도 | 제주도 |

대표여행지

두타연

휴전선에서 겨우 2km 남짓 떨어진 양구 두타연은 분단 전에는 이 길로 금강산을 찾았을 정도로 북한과 가까운 곳이다. 그래서 방문 허가를 위해 신분 확인은 물론 위치 추적기까지 착용해야 하지만 그 풍경만은 가슴이 벅찰 정도다. 50여 년 동안 사람의 발길을 허락하지 않은 곳에 들어서면 금강산부터 내려오는 맑은 물줄기가 굽이굽이 돌아 첫 번째 폭포를 이루고, 두 번째 폭포가 이어지며, 마침내 거대한 연못을 만들어낸다. 건물 3층 높이의 연못은 청정한 물에서만 사는 열목어의 서식지로 때 묻지 않은 자연의 모습을 간직한 보물 같은 곳이다. 하지만 이곳에서 가장 특별한 곳은 한반도 지형을 볼 수 있는 전망대다. 전망대 끝에 서면 두타연 계곡 상류에 한반도 지형이 보인다. 수량이 많은 날이면 더욱 확연히 보이는 한반도가 아름다운 선을 그리며 감탄을 불러일으킨다.

(주소) 강원 양구군 방산면 두타연로 297 (전화) 033-480-7266 (홈페이지) https://stour.ticketplay.zone (운영) 하절기(3월~10월) 09:00~17:00(입장 마감 16:00), 동절기(11월~2월) 09:00~16:00(입장 마감 15:00), 매주 월요일 휴관 (요금) [양구통일관(전망대, 전쟁기념관, 제4땅굴)] 성인 6,000원, 청소년 3,000원, [두타연] 성인 6,000원, 청소년 3,000원 ※ 제4땅굴·을지전망대 : 시설공사로 인해 2022년 12월 31일까지 휴관 중

이PD 추천

두타연 100배 즐기기

- 두타연은 사전 예약과 당일 출입이 모두 가능하다. 홈페이지를 통해 사전 예약을 하면 입장 시간을 단축시킬 수 있다.
- 두타연 안내소는 금강산가는길 안내소와 비득 안내소 2곳에 있다. 비득 안내소는 11월~3월 기간 동안에는 운영하지 않는다.
- 두타연 폭포에서 가까운 곳은 금강산 가는길 안내소이다.
- 두타연 폭포 주변으로 트레킹을 즐길 수도 있다. 1시간 30분~2시간 가량 소요된다.
- 민통선 구역이라 일부 구간이 통제될 수도 있으니 방문 전 반드시 홈페이지 및 전화 문의를 통해 체크하자.

(주소) [금강산가는길 안내소] 양구군 방산면 두타연로 297, [비득 안내소] 양구군 동면 월운리 355

도치 (심퉁이) / 고무꺽정이 (망챙이)

고추튀김

양구 오일장

오일장 곳곳에 먹거리가 가득해요!

주변여행지
양구 오일장

강원도는 아직 오일장이 활발한 곳으로 날짜에 숫자 0과 5가 들어가는 날이면 어김없이 양구에서도 오일장이 열린다. 양구 오일장에는 인근 속초와 고성에서 잡은 싱싱한 생선이 모두 모인다. 속초의 명물이자 배가 꼭 심통 난 것 같은 도치 심퉁이, 못생긴 아귀를 닮았지만 비린내가 없고 담백한 망챙이 등 흔하지 않은 생선을 볼 수 있어 더욱 재밌다. 오일장의 재미는 다양한 주전부리 때문일 텐데, 바삭하게 튀긴 고추 속에 매콤한 고기소와 고추씨가 담긴 고추튀김, 따뜻하게 튀겨서 설탕 옷을 톡톡 입힌 꽈배기까지 입을 쉴 수 없는 간식이 시장 구경에 재미를 더한다.

주소 강원 양구군 양구읍 중앙길 68(양구 중앙시장과 양구초등학교 사잇길)

이PD 추천
양구 오일장 추천 먹거리

펀치볼 시래기, 대암산 야생 곰취, 더덕, 도라지, 고사리, 동해안 어류, 올챙이국수, 장터국밥 등

시래기용 무는 파종 후 40~45일만에 수확해서 무청이 연하고 부드러워요.

양구 시래기

양구 해안면에 위치한 펀치볼 마을은 모양이 마치 화채 그릇 같은 분지여서 이런 이름이 붙었다. 해발 1,100m의 높은 산으로 둘러싸인 이 소담한 마을을 겨울에 찾으면 신기한 광경을 보게 된다. 푸른 무청은 하나 없이 하얀 무만 밭에 남아 있는 모습이다. 무청은 어디로 갔을까? 무청은 겨우내 말려 맛있는 시래기를 만들고 무만 남아버렸다. 겨우내 얼었다 녹았다를 반복하며 더 구수해진 시래기는 껍질을 벗길 필요도 없고 그냥 삶아서 먹는다. 고소한 들기름과 고춧가루, 마늘을 더해 조물조물 무친 뒤 고등어에 올리고 매콤한 양념장까지 더하면 구수하고 칼칼한 시래기 고등어찜이 완성된다. 시원하게 속을 풀어주는 뼈해장국에도 시래기가 빠질 수 없다. 어떤 음식과도 잘 어울리는 강원도 시래기를 맛보러 양구를 찾아보자.

한반도를 품은 영월에서 만나는 붉은 메밀꽃

영월 붉은 메밀꽃밭 ———— 한반도 지형 뗏목 체험 ———— 삼굿구이

가을에 가면 좋아요 · 아이와 함께 가기 좋아요 · 산 전망 좋아요 · 하루 꼬박 걸려요

영월은 역사의 흔적을 살필 수 있는 곳이다. 많은 영화와 드라마, 책에서 끊임없이 되새기는 한 많은 왕 단종의 유배지였던 곳이다. 애처로운 소년 왕은 숙부에게 왕의 자리를 빼앗기고 어린 나이에 영월에서 숨을 거뒀고 그 후손들은 그의 유배길을 따라가며 단종의 삶을 위로하고 기억하고자 한다. 영월을 대표하는 또 한 사람은 권력자와 부자를 풍자했던 방랑 시인 김삿갓이다. 그의 이름이 붙은 영월군 김삿갓면은 강원도에서 최초로 슬로시티로 지정돼 자연과 함께 호흡하는 삶의 모습을 보여주고 있다. 이야기를 품은 곳, 영월에서 이 PD가 찾은 이야기를 만나보자.

영월 붉은 메밀꽃밭(삼옥리 목골마을)

달빛을 받아 흐드러지게 핀 하얀 메밀꽃은 한국인에게 막연하나마 환상적인 이미지로 남아 있을 것이다. 그래서 메밀꽃은 하얀 눈송이처럼 빛날 것만 같지만 영월에는 붉은색의 메밀꽃밭이 존재한다. 영월 삼옥리 마을에 도착하면 마을을 온통 빨갛게 물들인 붉은 메밀꽃이 푸른 동강과 어우러져 그림 같은 풍광을 자아낸다. 3만 3,000m²에 달하는 광활한 대지 가득 빨간 꽃망울을 터트린 메밀꽃은 10월 초부터 10월 중순까지 만나볼 수 있으니 더욱 특별한 풍경을 사진에 담고 싶다면 삼옥리를 찾아보자.

이PD 추천
붉은 메밀꽃밭이 있는 곳은 삼옥2리 목골마을이다.

주소 강원 영월군 영월읍 삼옥리

한반도 지형 뗏목 체험

영월의 대표적인 관광지, 한반도 지형을 휘감아 흐르는 서강에 유유자적 떠다니는 뗏목 한 척은 한반도 지형을 색다르게 즐길 수 있는 또 하나의 방법이다. 한반도 지형을 따라 동해에서 출발해 남해를 지나 서해를 거쳐 백령도까지 보고 오는 전국 여행을 즐기기 위해 주말 평균 1,000여 명의 사람이 이곳을 찾는다. 유유히 강을 떠다니며 시원하게 불어오는 바람에 몸을 맡기면 그림으로 그린 것 같은 울창한 숲과 기암절벽이 눈을 사로잡는다. 동심으로 돌아간 듯, 추억 속을 여행하는 듯 자연의 풍경과 물놀이를 함께 즐길 수 있어 행복한 여행지다.

[한반도 뗏목마을(선암마을)] 주소 강원 영월군 한반도면 선암길 70 홈페이지 http://뗏목마을.com 운영 09:00~17:30 요금 성인 7,000원, 어린이 5,000원

삼굿구이

추운 겨울에 노랗게 잘 구운 군고구마를 호호 불며 먹는 재미는 누구에게나 추억으로 남아 있을 것이다. 영월에서는 고구마를 더욱 특별하게 굽는다. 뜨겁게 달군 돌에 물을 붓고 그 수증기로 대마를 삶는 전통 방식, 삼굿구이다. 예전에는 마을 사람들이 다 함께 삼굿을 했는데 자기 대마를 구분하기 위해 고구마나 옥수수로 표시를 했고 그것이 삼굿구이가 됐다고 한다. 매캐한 연기 속에서 무려 3시간가량 뜨겁게 돌을 달구고 돌 옆에 구덩이를 파서 재료를 넣는데 연통으로 뜨거운 수증기가 전달돼 음식이 익는 방법이다. 달콤한 고구마뿐만 아니라 달걀, 옥수수까지 푸짐하게 넣어 2시간이 넘게 구우면 깊은 맛이 우러나 그 냄새부터 입맛을 다시게 한다. 구수하고 담백하고 든든한 삼굿구이로 강원도의 정취를 한껏 느껴보자.

정선

겨울이 더 아름다운 눈꽃의 성지

정선 만항재   함백산 겨울 산행   정선 레일바이크   감자옹심이

- 겨울에 가면 좋아요
- 트레킹하기 좋아요
- 산 전망 좋아요
- 하루 꼬박 걸려요

정선아리랑의 고장, 정선이 레일바이크·스카이워크 등으로 새로운 사진의 성지로 떠오르고 있다. 정선오일장이나 양떼 목장, 아우라지가 있어 레트로한 여행지였던 정선이 체험 여행의 고장이 된 것에는 한국 최초의 레일바이크인 정선 레일바이크의 덕이 크다. 숲, 강, 계곡, 터널을 지나 사계절 아름다운 정선을 볼 수 있는 레일바이크는 페달을 밟는 수고조차 잊어버리게 만든다. 온몸으로 체험하는 자연과 풍경은 정선에 빠질 수밖에 없는 이유를 보여준다.

정선 만항재

눈이 많이 내리는 영동의 산간 지역 정선에는 한겨울에 피는 아름다운 눈꽃을 발견할 수 있는 눈꽃 성지 만항재가 있다. 정선과 영월, 태백을 잇는 지방도로를 따라 새하얀 설경이 펼쳐지는 만항재는 겨울이면 어디로 눈길을 돌리든 하얀 눈으로 뒤덮여 있다. 우리나라에서 가장 높은 도로가 있어 마치 겨울왕국에 서 있는 듯한 아름다운 겨울의 풍경이 펼쳐지는 곳이기도 하다.

주소 강원 정선군 고한읍 고한리 산216-37

이PD 추천

국내 최대의 천연 야생화 군락지이기도 한 함백산 만항재에서는 매년 야생화 축제가 열려요. 아쉽게도 코로나19로 인해 당분간 축제가 열리지 않고 있습니다.

함백산 정상에 가득한 **겨울 꽃**

함백산 겨울 산행

해발 1,330m 만항재에서 상고대를 구경하고 함백산을 오르면 1시간 30분 정도가 소요돼 훨씬 가볍게 등반할 수 있다. 함백산은 우리나라에서 여섯 번째 높은 산으로 해발 1,573m에 달해 정상에 오르면 몸을 가눌 수 없을 정도로 거센 바람이 불지만 그 풍경만큼은 힘들었던 등반을 잊어버릴 만큼 인상적이다. 눈꽃이 하얗게 맺힌 나무의 모습도 아름답지만 날씨가 좋은 날에는 멀리 백두대간의 웅장함까지 조망할 수 있다. 겨울에는 눈이 많이 와 미끄러우니 아이젠과 등산스틱 등을 꼭 준비하고 넘어지지 않도록 조심해서 걷도록 하자.

주소 강원 정선군 고한읍 고한리

발아래로 눈꽃 밭이 펼쳐지면
그곳이 **함백산 정상**

송글 송글

함백산 정상에 가득한
겨울 꽃

정선 레일바이크

한국 이곳저곳에 레일바이크가 있지만 정선 레일바이크는 한국 최초의 레일바이크라 더욱 유명하다. 강원도 정선의 구절리역에서 아우라지역까지 총 7.2km의 철길을 따라 달리다 보면 수려한 산세와 맑은 물길, 예쁜 조명의 터널 등 아름다운 정선의 풍경이 펼쳐진다. 봄의 꽃길, 여름의 숲길, 가을의 단풍길, 겨울의 눈길을 따라가는 레일바이크는 눈을 사로잡는 풍경 덕분에 힘들지 않게 달릴 수 있으니 가족과 연인 또는 친구와 함께 꼭 한 번 정선을 달려보자. 레일바이크는 40~50분 정도 소요되며, 레일바이크의 종점인 아우라지역에서 구절리역까지 다시 거슬러 올라가고 싶다면 무료로 운행되는 풍경열차를 이용하면 된다(레일바이크 이용객에 한해 무료 운행). 풍경열차는 20~25분 정도 소요된다. 사전 예약 시스템으로 이뤄지기 때문에 방문 전 홈페이지를 통해 예약해야 한다.

(주소) 강원 정선군 여량면 노추산로 745(구절리역 매표소) (운영) 하절기(3월~10월) 08:40·10:30·13:00·14:50·16:40, 동절기(11월~2월) 08:40·10:30·13:00·14:50, 상황에 따라 변경될 수 있으므로 홈페이지 확인 필수 (요금) 2인승 3만 원, 4인승 4만 원 (홈페이지) https://www.railtrip.co.kr/homepage/jeongseon/

코스 중간에 기념사진을 찍어주는 곳이 있다. 사진은 운행을 마치고 종점인 아우라지역에서 추가 금액을 내고 구입할 수 있다.

초반 오르막길 코스에서 힘 있게 페달을 밟아주세요.

감자옹심이

강원도의 척박한 자연환경에서도 잘 자라는 감자는 강원도 사람들의 주식일 수밖에 없었다. 강원도 사람들은 퍽퍽한 감자를 맛있게 먹기 위해 다양한 요리를 만들었다. 감자떡, 감자채전 등이 있지만 가장 유명한 건 옹심이다. 감자를 갈아 녹말과 섞고 동그랗게 반죽을 빚어 채소와 국물을 넣고 팔팔 끓이면 마음까지 따뜻한 감자옹심이가 완성된다. 양념이 많이 들어가지 않아 감자 본연의 깊은 맛을 느낄 수 있다. 감자옹심이 아래 숨어 있는 콧등치기도 또 다른 매력이다. 메밀 면을 쭉 빨아 들이다 보면 코를 딱 쳐서 정선에서는 메밀국수라 부르지 않고 콧등치기라고 하는데 담백한 맛에 먹는 재미까지 있어 식사 시간이 더욱 즐겁다.

순도 100%
원시 자연의 매력을 마주하다

추전역 · 용연동굴 · 메밀전병

- 겨울에 가면 좋아요
- 아이와 함께 가기 좋아요
- 산 전망 좋아요
- 반나절이면 충분해요 (0.5 day)

강원도의 거친 산과 깊은 계곡, 그리고 투박한 음식은 그 본연의 매력으로 여행자를 끌어당긴다. 황지 연못, 검룡소, 태백산 등 순수한 원시의 풍경을 만날 수 있는 태백 또한 그런 여행지다. 그리고 그 풍경 속에는 척박한 자연환경에서 살아남고자 했던 강원도 사람들이 만든 음식과 기억이 있다. 자연의 숨결이 만드는 농산물, 산의 기운이 만드는 산나물, 맑은 물이 만드는 물고기를 더욱 쓸모 있게, 그리고 더욱 맛있게 만드는 데는 우리네 어르신들의 손길이 있었다. 태백에서 그 맛의 기억을 되살려보자.

추전역

우리나라에서 가장 높은 곳에 있는 태백 추전역은 해발 855m라 겨울이 길고 봄이 늦게 오는 곳이다. 태백이 탄광 도시였을 적에 석탄을 실어 나르기 위해 선로를 만들었고 지금은 석탄은 사라지고 '우리나라에서 가장 높은 기차역'이라는 이름만 남아 있다. 한때는 화물열차만 오가는 곳이었으나 한겨울에 눈을 만끽할 수 있는 눈꽃열차가 운행되면서 새로운 사진의 성지로 떠오르고 있다. 눈꽃과 함께 레트로한 사진 한 장을 남기고 싶다면 추전역을 찾아보자.

주소 강원 태백시 싸리밭길 47-63

이PD 추천

자가용으로 10분 거리에 태백의 인기 명소 구와우마을이 있다. 해발 900m 고지대에 자리한 구와우마을에는 100만 송이의 해바라기가 마을 일대를 채우고 있다. 해바라기 개화 시기인 7월이 절정을 이루고 이맘때쯤 해바라기축제가 열린다.

우리나라에서 가장 높은 곳에 위치한 건식 자연석회동굴이에요. 동굴에 들어가기 전 헬멧을 꼭! 착용해 주세요.

주변여행지

용연동굴

우리나라에서 가장 높은 곳에 있는 용연동굴은 가는 길도 쉽지 않다. 굽이굽이 이어지는 산길을 1km가량 올라야 비로소 입구에 닿을 수 있다. 동굴이 자리한 높이도 놀랍지만 동굴에 들어가면 넓게 펼쳐지는 광장에 더욱 놀라게 된다. 너른 동굴 안에는 곳곳에 돌멩이로 탑을 만들어놓았는데, 임진왜란 때 의병 활동 본부로 쓰면서 무기로 사용하기 위해 둔 돌이라고 한다. 동굴 안은 사계절 내내 9도에서 12도를 유지하는 덕분에 겨울에는 따뜻하고 여름에는 시원하다. 용연동굴의 하이라이트는 동굴 생성물이다. 드라큘라 성, 등용문, 식인상어 등 다양한 이름이 붙은 동굴 생성물을 찾아보며 그 이름의 유래를 찾아보는 것도 또 다른 동굴 탐험의 재미가 아닐까.

(주소) 강원 태백시 태백로 283-29 (운영) 화~일요일 09:00~18:00(매표 17:00까지), 월요일 휴관 (요금) 성인 3,500원, 청소년 2,500원, 어린이 1,500원

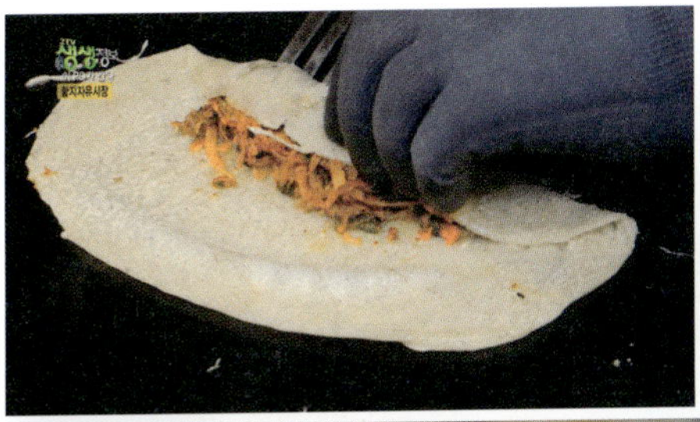

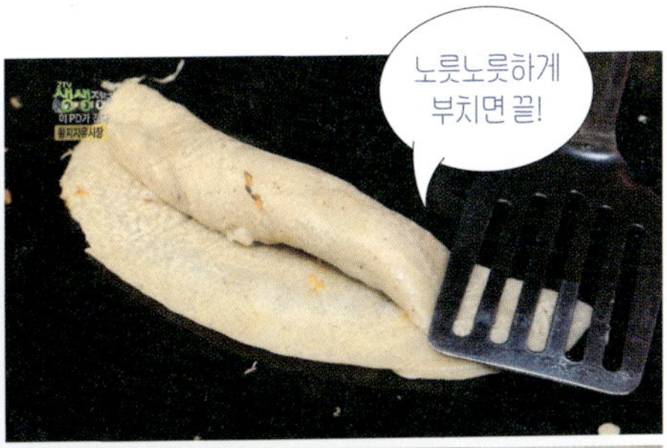

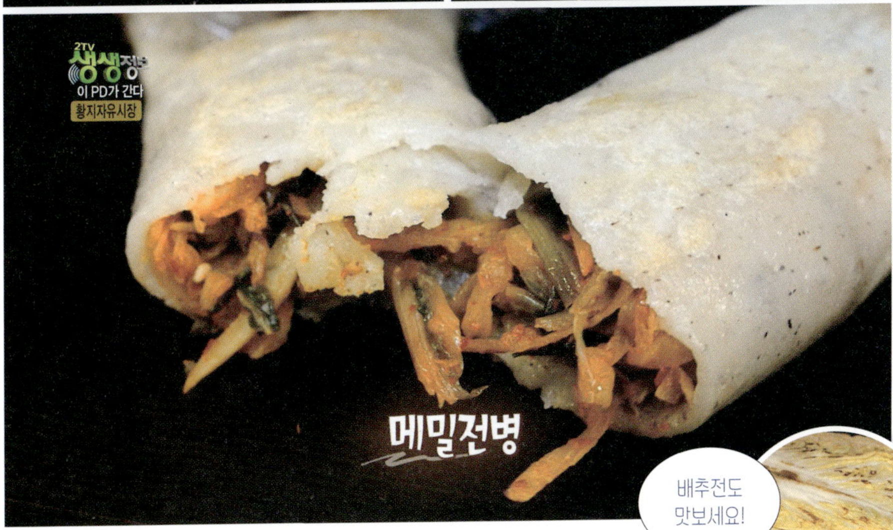

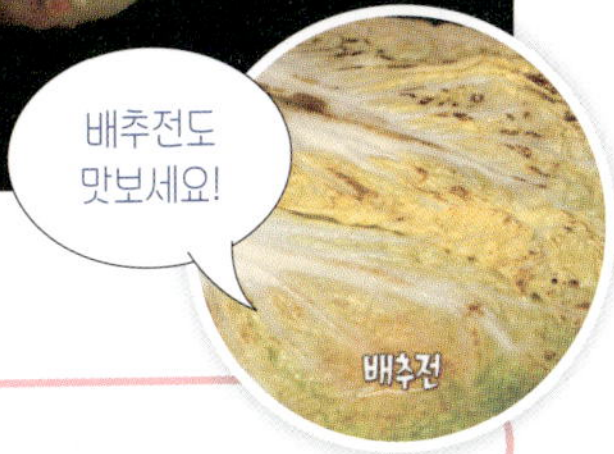

추천먹거리

메밀전병

고소한 메밀 반죽에 매콤하게 버무린 소를 듬뿍 얹어 돌돌 말아 부친 메밀전병은 보기에도 예쁘고 한입에 먹기도 좋은 강원도의 맛이다. 메밀 속에 매콤한 무생채가 들어가 소화도 잘 되고 메밀과도 잘 어울리니 누구나 호불호 없이 좋아할 수밖에 없다. 시장에서는 간식거리로, 식당에서는 한 끼 식사로 즐길 수 있으니 태백을 여행한다면 메밀전병을 꼭 맛보기를 추천한다.

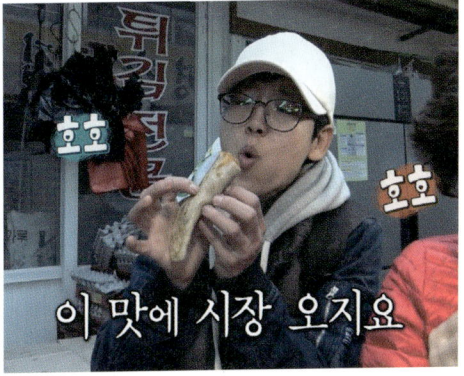

Special page

물 위를 걷다! 철원 한탄강 물윗길

30만 년 전 화산 폭발로 용암이 흐른 자리에 거대한 주상절리와 기암괴석이 남았다. 우리는 그 아득한 시간을 가늠하며 한탄강 물윗길의 신비한 협곡지대를 걷는다. 철원에서 만난 한탄강 물윗길 트레킹은 자연의 시간이 쌓인 절경을 보다 가까이에서 감상할 수 있는 특별한 트레킹이다. 10월 개장해 다음 해 3월까지 운영하며 매년 10만여 명 이상이 한탄강 물윗길을 방문할 정도로 인기가 높다. 철원 한탄강은 2020년 7월 유네스코 세계지질공원으로 선정됐고 약 7.5km에 달하는 트레킹 코스에서 신비로운 협곡의 모습을 감상할 수 있다. 추운 겨울을 잊을 만큼 멋진 풍경이 펼쳐지는 겨울 축제를 경험해 보자. 방문객 수에 제한이 있어 예약은 필수이니 방문 전 홈페이지를 확인해야 한다.

[한탄강 물윗길 정보] (주요 코스) 태봉대교 → 은하수교(송대소) → 마당바위 → 승일교 → 고석정 → 순담계곡(총 거리 8km) (전화) 033-455-7072 (홈페이지) https://www.cwg.go.kr/tour/ (운영) 매년 10월~3월 09:00~17:00(입장 마감 16:00), 매주 화요일·설/추석 당일 휴무 ※ 운영 일정이 바뀔 수 있으니 방문 전 홈페이지 확인 필수 (요금) 성인 1만 원, 청소년 4,000원, 어린이 3,000원

📍추천 포인트① 송대소 구간

한탄강 협곡의 진수를 만날 수 있는 송대소 구간은 물 위에 아름답게 떠 있는 은하수교를 걸으면서 용암이 빠르게 식으며 만들어낸 수직 기둥 모양의 주상절리를 감상하는 길이다. 길 양옆으로 늘어서 있는 거대한 주상절리 협곡은 아찔한 풍경과 신비로운 시간을 선사한다.

📍추천 포인트② 고석정 구간

자연이 빚어낸 각양각색의 기암괴석이 겨울에도 푸르름을 자랑하는 소나무와 어우러져 마치 한 폭의 산수화 같은 풍경이 펼쳐지는 구간이다. 사람 얼굴을 닮은 바위부터 소나무가 자라는 신기한 바위까지 신비로운 바위를 구경하기 좋은 길이기도 하다.

📍추천 포인트③ 승일교 구간

모든 것이 꽁꽁 얼어붙은 추운 겨울이 더욱 아름다운 곳으로 30m 정도의 직벽을 타고 폭포수가 하얗게 얼어붙어 거대한 얼음기둥을 만든다. 마치 신이 빚은 듯한 자연의 절경이 추운 겨울의 트레킹도 힘들지 않게 만들어준다.

충청도

1. **단양**
   소백산과 남한강이 만든 산수의 고장

2. **제천**
   푸른 물줄기를 따라가는 충주 여행

3. **충주**
   남한강을 따라 떠나는 가을 여행

4. **서천**
   가을로 물든 금강 따라 즐기는 여행

5. **태안**
   굽이굽이 해안길을 따라 걷는 길

6. **예산**
   느림의 미학이 있는 힐링 여행

[Special Page]
충청도 최대 도시 대전에서 만나는 가을의 모습

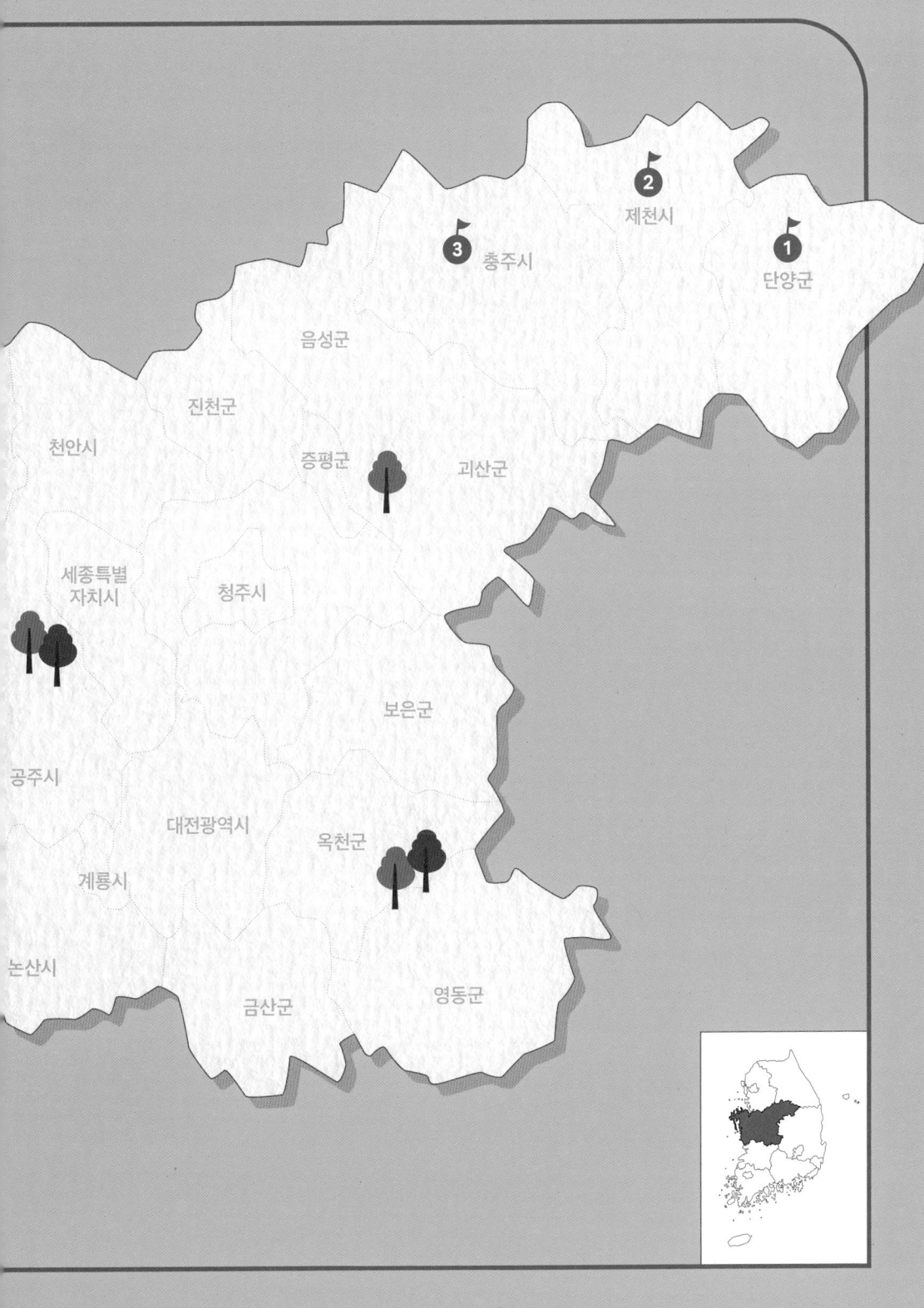

소백산과 남한강이 만든 산수의 고장

만천하스카이워크 · 보발재 · 단양 마늘

- 가을에 가면 좋아요
- 드라이브하기 좋아요
- 산 전망 좋아요
- 하루 꼬박 걸려요

충청도에서 손꼽히는 관광 도시인 충청북도 단양은 산지가 많아서인지 각양각색의 지형으로 유명하다. 남한강 가운데 솟은 세 개의 봉우리 도담삼봉, 거대한 돌이 무지개를 만드는 석문, 마치 대나무를 닮은 듯한 바위산 옥순봉, 부처님 손바닥을 닮았다는 칠성암 등 신비로운 모습의 바위와 돌, 산을 만날 수 있다. 늦가을에 찾은 단양은 오색찬란한 단풍이 든든한 산과 바위와 어우러져 눈이 시리도록 아름답다. 발길이 닿는 곳마다 그림 같은 풍경이 펼쳐지는 단양을 만나보자.

대표여행지
만천하스카이워크

전국 곳곳에 다양한 매력의 스카이워크가 있지만 단양의 스카이워크 또한 독특한 개성과 멋진 풍경을 선사하는 곳이다. 25m 높이의 만학천봉 전망대에서는 어느 곳에 올라서도 단양이 한눈에 보이는 구조로 낮은 경사로를 원형으로 돌아서 정상에 도착해 투명 유리 바닥 위에 올라서면 아래로 심장이 두근거리는 풍경이 펼쳐진다. 남한강이 푸른 물길을 내며 초록의 나무로 가득한 산 사이를 굽이쳐 흐르고 빛깔 고운 단풍으로 물든 소백산은 또 다른 두근거림을 선사한다. 하늘 위에서 보는 듯한 단양의 비경을 즐길 수 있다.

만천하스카이워크에는 전망대 외에도 편하게 전망대 입구까지 갈 수 있는 모노레일, 120m 높이 상공에서 시속 50km 속도로 즐기는 짚와이어, 960m의 숲길을 시속 40km로 쾌속 질주하는 알파인 코스터, 264m의 원통을 따라 전용 매트를 깔고 미끄러지듯 짜릿하게 내려가는 1인용 건식 슬라이드 등 다양한 액티비티를 즐길 수 있어 가족여행지로도 손색이 없다.

이PD 추천
주차장에서 전망대까지는 무료셔틀버스로 이동해야 한다.

(주소) 충북 단양군 적성면 옷바위길 10(만천하스카이워크 매표소) (전화) 043-421-0014~5 (홈페이지) https://www.dytc.or.kr/mancheonha/89 (운영) 09:00~18:00(입장 마감 17:00), 월요일 휴무 (요금) 성인 3,000원, 청소년 및 어린이 2,500원

보발재

단양의 가곡면과 영춘면을 잇는 지방도 제595호선에는 단풍을 즐길 수 있는 특별한 길이 숨어 있다. 길을 따라 한참을 달리다 보면 구불구불 이어진 고개가 시작되고 마음이 설레는 울긋불긋 아름다운 단풍길이 나타난다. 진한 붉은색과 주황색, 노란색으로 물든 단풍은 마치 커다란 꽃송이 같기도 하고 아름다운 노을 같기도 하다. 가을이 빚은 단양의 숨은 드라이브 명소 보발재에서 우리만의 가을 풍경을 발견해 보자. 고갯길의 중간중간에 쉼터가 있으니 잠시 차를 세워 알록달록 가을 단풍을 만끽해도 좋다.

주소 충북 단양군 가곡면 보발리

보발재 가까이에 단양의 인기 여행지 구인사가 있다. 소백산 기슭 아래 길게 자리한 구인사는 이색적인 건물 모습으로 SNS 상에서 인기가 높다. 2021년에는 SNS에서 '좋아요'를 가장 많이 받은 관광지로 선정되기도 했다.

단양 마늘

마늘의 고장 단양에서는 수많은 마늘과 마늘을 활용한 음식을 만날 수 있다. 단양을 말할 때 마늘을 빼면 서운할 정도로 마늘은 단양의 특산품이다. 단양은 석회암 지대로 일교차가 커서 마늘이 더 맛있다고 한다. 고소하고 매콤한 통마늘을 잔뜩 넣은 마늘 순대, 마늘 특유의 독특한 향을 살린 마늘 기름을 만두 소에 넣은 마늘 만두, 곱게 간 마늘에 돼지고기와 소고기를 다져서 만든 마늘 떡갈비까지 알싸한 마늘의 다양한 변신을 만나보자.

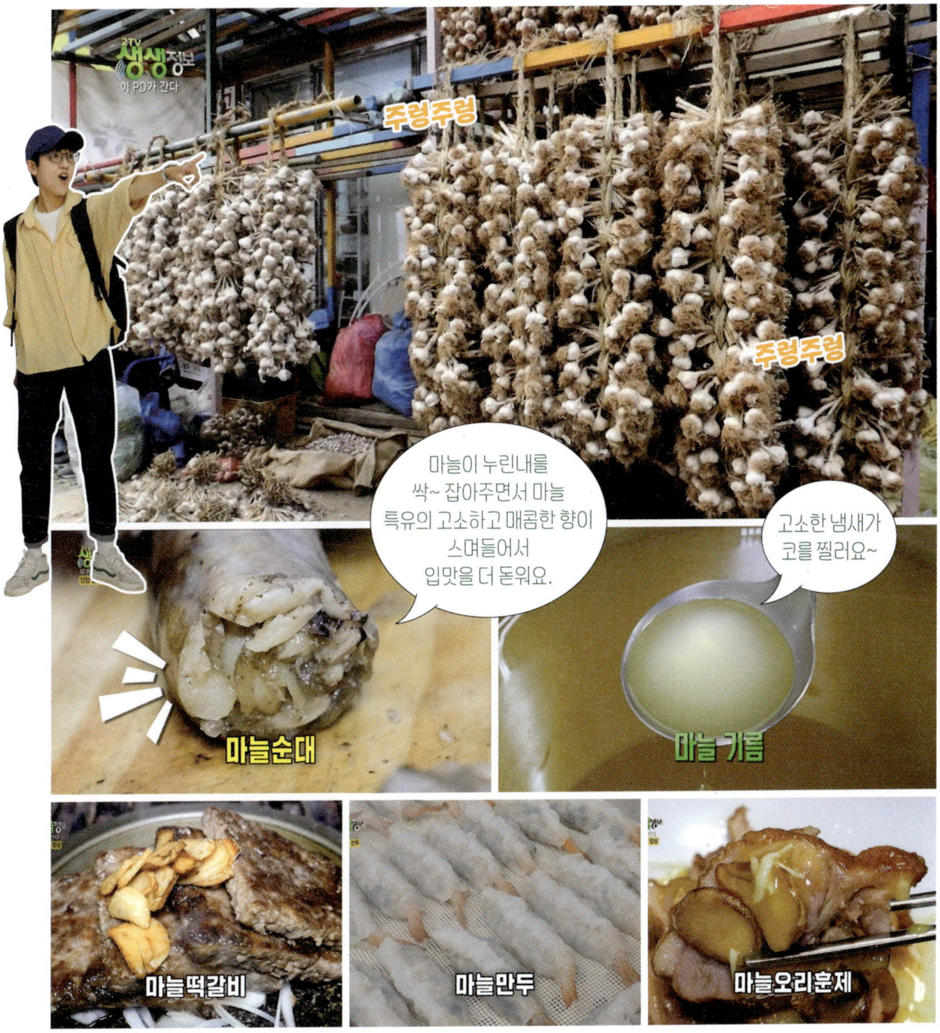

푸른 물줄기를 따라가는 충주 여행

제천

금수산 얼음골 · 충주호(청풍호) · 다슬기

여름에 가면 좋아요 · 아이와 함께 가기 좋아요 · 산 전망 좋아요 · 반나절이면 충분해요

충청북도 제천은 약초의 도시로 유명하지만 충주호와 의림지 등 여유롭고 맑은 공기를 즐길 수 있는 숨은 여행지다. 우리나라 최고의 저수지 의림지는 신라 시대부터 이어오는 역사를 자랑하는 곳이며, 충주댐을 건설하며 생긴 청풍호는 내륙의 바다라 불릴 정도로 절경을 보여준다. 또 슬픈 사랑 이야기로 유명한 박달재는 드라이브 코스로 인기를 얻고 있다. 차분하게 여행할 수 있는 제천에서 다채로운 풍경을 만나보자.

금수산 얼음골

제천에는 한여름에도 아주 시원한 한기가 느껴지는 신비로운 얼음골이 있다. 해발 1,000m가 넘는 금수산은 가장 깊은 심장과 같은 곳에 얼음골을 품고 있는데, 산 입구에서 얼음골까지는 약 5.4km로 깊고 험한 산속이라 원시의 자연이 그대로 살아 있다. 얼음골로 향하는 중간에는 마치 계단처럼 깎인 바위를 따라 거침없이 물줄기가 쏟아지고 그 차디찬 수온은 마치 얼음장 같아서 여름에도 오소소 소름이 돋는다. 다시 3시간 정도 산을 오르면 금수산 정상 부근에 자리한 거대한 돌무더기, 얼음골에 도착한다. 한여름에도 얼음이 언다는 곳답게 들어서자마자 서늘한 기운이 느껴지며 돌이 경사를 이루며 넓게 퍼져 있어 더욱 시원하다. 예로부터 제천 사람들의 피서 명당이었으며 이곳의 얼음으로 냉국을 만들어 여름을 이겨냈다고 한다.

주소 충북 제천시 수산면 능강리

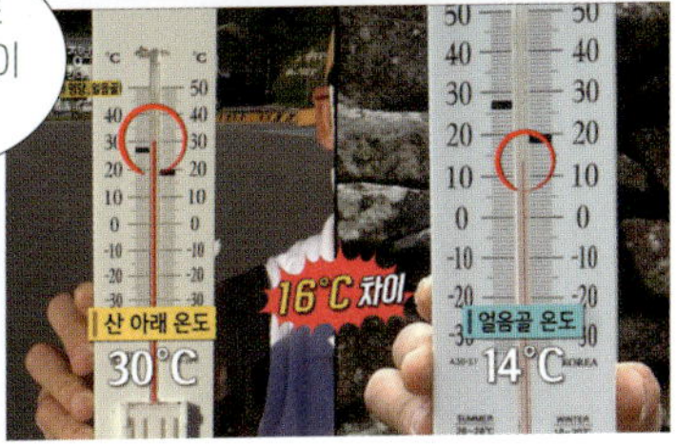

산과 바다를 모두 즐길 수 있는 충주 최고의 명소입니다~

충주호 관광선

주변여행지

충주호(청풍호)

이PD 추천

충주호 관광선
충주호를 가장 가까이에서 만끽할 수 있는 방법이다. 포털사이트 네이버를 통해 예약이 가능하다.

(주소) 충북 충주시 동량면 지등로 882
(운영) 10:00~17:00
(요금) 성인 1만 2,000원, 어린이 9,000원

1985년 충주댐을 건설하면서 조성된 인공 호수다. '육지 속의 바다'라고 불릴 만큼 국내 최대 인공 호수인 소양호의 뒤를 잇는 큰 규모를 자랑한다. 호수를 중심으로 월악산, 주흘산, 작성산, 금수산, 소백산 등 산줄기가 펼쳐져 마치 다도해 같은 풍경이 눈앞에 펼쳐진다. 비봉산 정상(해발 531m)에 오르면 아름다운 청풍호의 전경이 가장 잘 보인다. 비봉산 전망대까지는 모노레일(도곡리역↔비봉산역)이나 케이블카(물태리역↔비봉산역)를 타고 올라갈 수 있다. 호수의 규모가 크다 보니 청풍호에서는 다양한 수상레포츠를 즐길 수도 있다. 이 밖에도 유람선, 청풍문화재단지, 청풍랜드 등 액티비티를 즐길 수 있는 곳들이 산재해 있어 아이가 있는 여행자들이 즐기기에 제격이다.

(주소) [케이블카] 충북 제천시 청풍면 문화재길 166, [모노레일] 충북 제천시 청풍면 청풍명월로 879 17

다슬기

충청도에서는 올갱이라고 부르는 다슬기는 청정한 물속에 사는 어패류로 제천의 맑은 물에 손을 넣기만 하면 한 움큼이 다슬기가 잡힐 정도로 많은 다슬기가 살고 있다. 다슬기를 깨끗이 씻고 12시간 정도 해감한 뒤 항아리에 넣고 다슬기 기름을 만드는데, 3일 동안 정성 들여 만든 다슬기 기름은 쿰쿰하고 매캐하지만 간에 좋고 피를 맑게 해준다고 해 약으로 먹는다. 다슬기는 요리로도 다양하게 활용되는데, 채소와 함께 부침개를 만들기도 하고 무침을 만들기도 한다. 고소하고 씹는 맛이 좋아 한 끼의 식사로도, 간단한 술안주로도 제격이다.

남한강을 따라 떠나는 가을 여행

충주

활옥동굴 · 대림산 · 수주팔봉 · 송어

가을에 가면 좋아요 · 아이와 함께 가기 좋아요 · 산 전망 좋아요 · 하루 꼬박 걸려요

충청북도 제2의 도시이자 내륙 깊숙한 곳에 자리한 충주는 남한강이 가로지르는 분지의 도시다. 맑은 물길이 지나는 자리마다 아름다운 절경이 펼쳐져 남한강을 따라 여행하기에 좋다. 달천과 남한강이 만난, 우륵이 가야금을 타던 탄금대, 유채꽃과 메밀꽃이 피는 목계나루, 남한강의 물길을 막은 충주호 등 충주와 남한강은 떼려야 뗄 수 없는 사이다. 푸른 물줄기를 따라 충주를 만나 보자.

활옥동굴

충주의 여름 피서지 중 가장 인기 있는 활옥동굴은 뱃놀이 체험으로 더욱 유명하다. 충주호변에 위치한 활옥동굴은 100여 년 동안 백옥, 활석, 활옥을 캐는 광산이었지만 2019년 새롭게 단장해 체험동굴로 문을 열었다. 한여름에도 늦가을처럼 서늘하다 보니 시원하게 여름을 날 수 있고 그 서늘함에 알맞은 다양한 체험을 구성했다. 활옥동굴에서 가장 인기 있는 체험은 수만 톤의 지하수를 끌어올려 만든 지하수 위에서의 뱃놀이로, 암벽으로 둘러싸인 천연동굴에 색색의 조명이 더해져 마치 영화 속 한 장면 같다.

주소 충북 충주시 목벌안길 26 전화 043-848-0503 운영 09:00~18:00(주말 ~19:00), 월요일 휴무 요금 성인 1만 원, 청소년 9,000원, 어린이 8,000원, 보트 탑승 3,000원

이PD 추천

동굴 내부는 연중 11~15도를 유지하고 있다. 살짝 추울 수 있으니 한여름에도 긴소매 겉옷을 챙겨 가는 것이 좋다.

속리산에서 시작된 달천 위로 우뚝 선 여덟 개의 봉우리

수주팔봉

물이 달아서 달천이라 불리는 강 위에 우뚝 선 여덟 개의 크고 작은 봉우리를 수주팔봉이라 부른다. 굽이쳐 흐르는 강물과 날카로운 바위 능선이 어우러져 기암괴석이 마치 병풍처럼 펼쳐진다. 수주팔봉의 잘린 바위 능선을 연결하는 출렁다리는 그리 길지는 않지만 발아래로 팔봉폭포가 흐르는 덕분에 짜릿하게 수주팔봉의 비경을 감상할 수 있다. 출렁다리를 지나 15분쯤 올라가면 수주팔봉 전망대에 도착한다. 산자락을 따라 물줄기가 동그랗게 휘돌아 나가는 형상은 물과 산, 아담한 마을이 한데 어우러져 아늑한 풍경을 자아낸다.

주소 충북 충주시 살미면 토계리

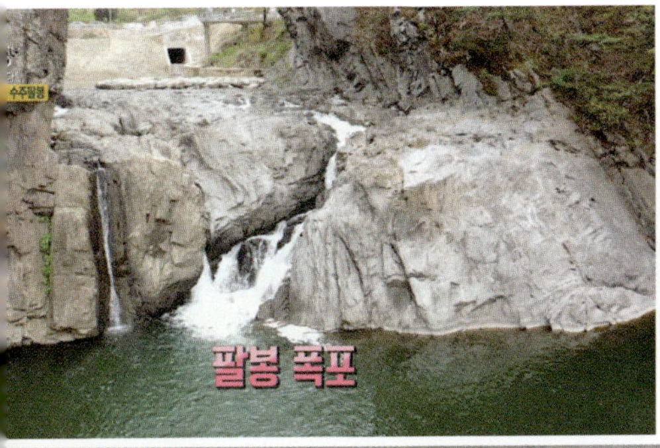
팔봉 폭포

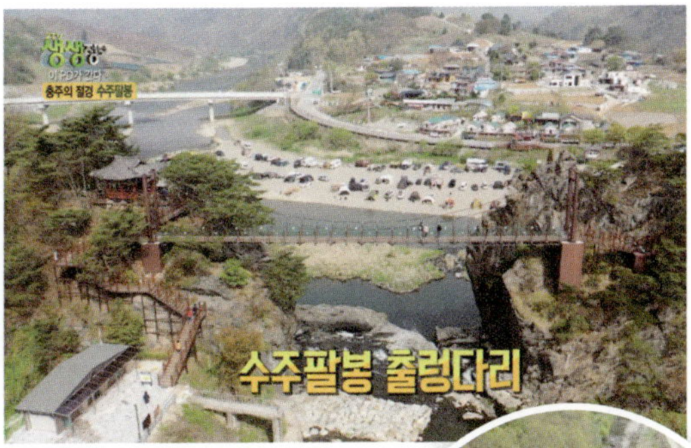
충주의 절경 수주팔봉
수주팔봉 출렁다리

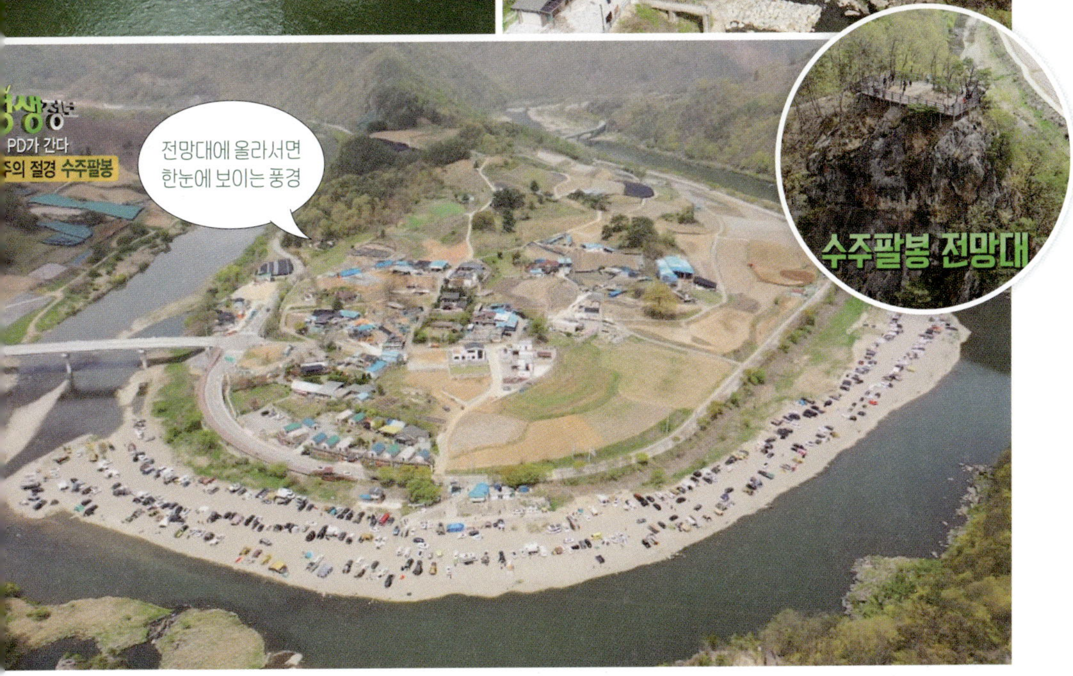
PD가 간다
전망대에 올라서면
한눈에 보이는 풍경
수주팔봉 전망대

이PD 추천

수주팔봉 캠핑장

수주팔봉 뒤쪽 유원지 지역은 차박 캠핑의 성지로도 유명하다. 강변을 따라 주차를 하고 차박 캠핑을 즐길 수 있다. 쾌적한 캠핑 환경을 위해 120대 차량 출입만 허가하고 있다.

(주소) 충북 충주시 대소원면 문주리

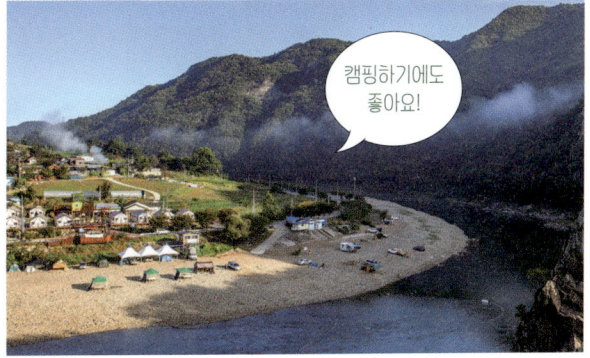

캠핑하기에도
좋아요!

조선시대 호국 군사 통신 수단인 봉수대

정상에 오르면 눈앞에 펼쳐지는 탁 트인 전망!

📍 주변여행지

대림산

충주 대림산은 역사의 흔적이 남아 있는 장소로, 고려 시대 때 쳐들어온 몽골군에 맞서 치열하게 싸웠던 곳이며 70일간의 항전 끝에 승전고를 울린 승리의 장소다. 해발 489m로 정상까지 3~4시간이 걸리지만 요새로 활용했던 곳인 만큼 길이 험한 편이다. 험한 산세 덕에 천연 요새라 불리던 대림산 정상에는 봉화를 피워 적의 침입을 알렸던 군사 통신 시설인 봉수대의 흔적도 남아 있다. 우리의 역사와 함께 빼어난 경치까지 감상할 수 있는 대림산에서 조상의 강인한 마음까지 느껴보자.

주소 충북 충주시 직동

이PD 추천

트레킹을 원한다면, 대림산성을 따라 한 바퀴 돌아보자. 총 거리 4.1km, 약 3시간 정도 소요된다. 성곽을 따라 걷는 코스로, 비교적 완만해 어렵지 않게 즐길 수 있다. 시간이 없다면 서문지에서 전망대까지 약 2km 구간만 걸어도 좋다.

송어

충주에서 가장 유명한 먹거리는 송어와 향어로 바다가 먼 탓에 민물고기인 송어와 향어가 유명해졌다. 냉수성 어종인 송어는 수온이 15도 정도 되는 청정한 지하수에서 키우는데, 생김새는 연어와 비슷하지만 기름기가 더 적고 살이 더 탱탱하다. 갓 잡아 싱싱한 송어는 초고추장에 다진 마늘과 고추냉이, 참기름과 콩가루를 넣어 회로 먹거나 반죽옷을 입히고 바삭하게 튀긴다. 단백질 함량이 높아 마치 고기 같은 맛을 내니 더 고소하고 더 든든하다.

가을로 물든 금강 따라 즐기는 여행

신성리 갈대밭　금강 하굿둑 철새 도래지　장항스카이워크　서천특화시장

- 가을에 가면 좋아요
- 산책하기 좋아요
- 바다 전망 좋아요
- 하루 꼬박 걸려요

충청남도 서남부에 위치한 서천은 남쪽으로는 금강이 흐르고 서쪽으로는 서해와 접해 있는 곳이다. 역사 깊은 한산 모시가 유명해 그 기술이 유네스코 세계무형유산으로 등재됐으며 앉은뱅이 술로 유명한 한산소곡주 또한 무형문화재로 이름 높다. 아름다운 갈대밭, 철새 도래지, 동백나무 숲과 소나무 숲 등 숨은 명소를 갖추고 있는 여행지라 천천히, 그리고 조용히 여행하기에 더없이 좋은 곳이다.

신성리 갈대밭

이PD 추천

한산면 면소재지에서 강경 방향으로 300m 정도 가면 나오는 삼거리에서 금강 방향의 작은 길을 따라 가면 갈대밭이 나온다.

사람 키를 훌쩍 넘는 갈대가 장관을 이루는 서천 신성리 갈대밭은 짧게 지나가는 가을을 만끽하기에 가장 좋은 곳이다. 금강을 따라 조성된 10만 평이 넘는 대규모 갈대밭은 파란 하늘과 맞닿아 더욱 아름다운 풍경을 선사한다. 넷플릭스 드라마 <킹덤>, 영화 <공동경비구역 JSA>의 촬영 장소로도 유명해 서천에서도 손꼽히는 관광지가 됐다. 5월부터 초록의 갈대를 볼 수 있으며 8월부터는 갈색빛의 갈대를 만날 수 있다.

 충남 서천군 한산면 신성리 125-1

금강을 따라 펼쳐지는 갈대밭

사람 키를 훌쩍 넘는 갈대가 양옆으로 쭉 늘어서 있어요

> 강물을 따라 펼쳐지는 철새들의 경이로운 군무

> 금강 하굿둑은 국내 최대 철새 도래지랍니다~

금강 하굿둑 철새 도래지

이PD 추천

우리나라 주요 철새 도래지

전남 순천 순천만
충남 서산 천수만
부산 낙동강 하구
강원 철원평야 일대
서울 한강 밤섬
경남 창녕 우포늪

청정한 환경 덕에 늦가을이면 철새들이 모여 철새의 낙원으로 불리는 금강 하굿둑에서는 하루에 한 번 철새의 군무를 볼 수 있다. 매년 겨울이면 40여 종, 50여만 마리의 철새가 모여드는데 큰고니, 청둥오리, 큰기러기 등이 겨울을 나기 위해 이곳을 찾는다. 석양이 질 무렵이면 수십만 마리의 철새들이 힘차게 날갯짓하며 하늘로 날아올라 화려한 군무를 선보인다. 이 자연이 빚은 경이로운 풍경을 담기 위해 많은 사람이 카메라를 들고 기다리고 있으니 한 장의 사진으로 멋진 풍경과 신비로운 기억을 간직해 보자.

주소 충남 서천군 마서면 장산로 916

장항스카이워크(기벌포 해전 전망대)

서천의 스카이워크는 높은 산이 아닌 솔향기가 풍기는 해송 숲 위를 가로질러서 위치해 있다. 사시사철 푸른 잎을 뽐내는 소나무가 1.5km 정도 이어져 있는 송림산림욕장은 산책하기에도 좋고 신선한 공기를 즐기기에도 좋다. 송림산림욕장 중간에 자리한 장항스카이워크는 15m의 높이에서 소나무 위를 걸어서 드넓은 갯벌과 광활한 바다로 향한다. 멀리 서천의 바다를 조망하며 걷는 스카이워크는 해가 질 무렵이면 바다로 가라앉는 붉은 일몰의 풍경이 더욱 운치를 더한다. 서해에서만 볼 수 있는 특별한 풍경을 품은 장항스카이워크를 걸어보자.

기벌포 해전

기벌포는 현재 충남 서천군 장항읍 일대를 칭하는 말로, 676년 신라와 당나라가 금강 하구에서 벌인 전쟁이 바로 기벌포 해전이다.

주소 충남 서천군 장항읍 장항산단로34번길 122-16 **운영** 3월~10월 09:30~18:00, 11월~2월 09:30~17:00, 4월~9월 금~일요일 연장 운영(~19:00) **요금** 1인 2,000원

빽빽한 소나무 숲

이PD 추천

장항송림산림욕장

스카이워크가 자리한 송림산림욕장은 해안가를 따라 울창하게 우거진 소나무숲이다. 백사장 뒤쪽으로 빽빽하게 자란 소나무숲이 1.5km 정도 이어진다. 서천군의 10대 청정구역 중 하나로 손꼽히는 송림산림욕장은 숲길을 따라 걸으면 향긋한 솔 냄새와 함께 시원한 바닷바람을 맞으며 산책을 즐길 수 있다. 송림산림욕장은 맥문동 군락지로도 유명하다. 매년 8월 초에 개화하여 9월 중순까지 보랏빛 맥문동 꽃이 숲을 가득 채우는 장관이 펼쳐진다. 송림산림욕장은 스카이워크와 함께 둘러보면 좋은 힐링 여행지다.

(주소) 충남 서천군 장항읍 송림리 산65 (요금) 무료

숲속은 여름에도 시원함이 느껴져요~

서천특화시장

서천먹거리

서해의 싱싱한 해산물이 모이는 서천특화시장에서는 갯벌의 산삼으로 불리는 낙지, 홍어 사촌인 간자미, 바삭바삭한 건새우, 어물전을 망신시킨다는 꼴뚜기까지 다양한 해산물을 한곳에서 만날 수 있다. 너무나 싱싱해서 날것 그대로 꼴뚜기를 먹어도 짭조름하고 고소한 맛을 그대로 느낄 수 있다. 싱싱하고 맛있는 해산물을 찾고 있다면 서천특화시장에 들러보자.

주소 충남 서천군 서천읍 충절로 42 **운영** 05:00~22:00, 매달 첫째 주 화요일 휴무

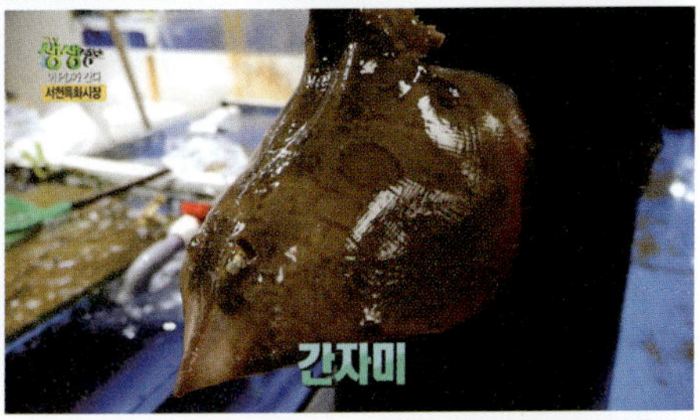

굽이굽이 해안길을 따라 걷는 길

태안

태안 솔향기길 · 용난굴 · 갯벌 체험 · 우럭젓국

봄에 가면 좋아요 · 트레킹하기 좋아요 · 바다 전망 좋아요 · 1박 2일 추천해요

수도권에서 2시간 남짓이면 달려갈 수 있어 더 좋은 충청남도 태안은 삼면이 푸른 바다로 둘러싸여 있고 아름다운 해수욕장이 서른 곳이나 있어 여름 여행지로 더없이 좋은 곳이다. 서해를 품은 도시답게 청정한 갯벌이 드넓게 펼쳐져 싱싱한 해산물이 가득한 수산물 천국이기도 하다. 봄에는 꽃게, 여름에는 낙지, 가을에는 대하, 겨울에는 바지락 등 사시사철 맛있는 바다의 산물이 여행자를 기다린다.

"가슴이 탁 트이고 머리가 맑아지는 이 기분!"

대표여행지

태안 솔향기길

만대항에서 시작해 백화산까지 이어지는 51.4km에 이르는 길로, 바다와 숲을 모두 걸을 수 있는 트레킹 코스다. 총 5개의 코스로 이루어져 있는데, 많은 사람이 울창한 소나무 숲을 걸으면서 해안의 절경까지 감상할 수 있는 1코스를 많이 걷는다. 상쾌한 솔잎 냄새를 맡으며 길을 걷다 보면 가슴이 확 트이는 푸른 바다가 나타나고 바닷길을 따라 걷다 보면 피톤치드 가득한 오솔길이 나온다. 태안을 좀 더 가까이 느낄 수 있는 길, 자연을 좀 더 만끽할 수 있는 길이다.

주요 코스 [1코스] 만대항~꾸지나무골해수욕장(10.2km), [2코스] 꾸지나무골해수욕장~희망벽화방조제(9.9km), [3코스] 볏가리마을~새섬리조트(9.5km), [4코스] 새섬리조트~갈두천(12.9km), [5코스] 갈두천~백화산(8.9km)

이PD 추천

태안 해변길

태안해안국립공원 해안가를 따라 걷는 트레킹 코스. 총 거리 100km로, 8가지 코스(바라길, 소원길, 파도길, 솔모랫길, 천사길, 노을길, 샛별길, 바람길)로 이루어져 있다. 좀 더 난이도 있는 해변 트레킹을 원한다면 도전해보자.

용난굴

솔향기길 1코스를 따라 걷다보면 나오는 용난굴은 태안의 숨겨진 비경 중 하나로 바닷속 동굴(해식동굴)이다. 바다에 물이 빠지면 돌탑이 쌓여 있는 듯한 곳에 용난굴의 입구가 나타난다. 용 두 마리가 용난굴에서 도를 닦았는데 한 마리는 승천해 하늘로 올라갔지만 한 마리는 실패해 용난굴 앞의 바위가 됐다는 전설이 남아 있다. 20m에 달하는 용난굴 가장 깊은 안쪽에는 승천한 용의 꼬리가 지나간 자국이 하얀 줄로 새겨져 있으며 용이 나간 길을 따라 동굴 벽을 타고 바깥쪽까지 이어져 있다. 마치 용의 핏자국 같기도 한 붉은 흔적까지 있으니 이곳에서 진짜 용이 승천했을 것만 같다.

주소 충남 태안군 이원면 내리

이PD 추천

용난굴은 SNS에서 유명한 포토 스폿이다. 간조 시간대에 맞춰 가면 동굴 안쪽으로 들어갈 수 있다. 동굴 안에서 바깥을 향해 찍으면 일명 '동굴샷'을 찍을 수 있다.

갯벌 체험

태안 하면 빼놓을 수 없는 것이 바로 갯벌이다. 육지와 바다 사이에 자리해 썰물 때 드러나는 평평한 땅을 갯벌이라 하는데 서해의 갯벌은 풍부한 생물 다양성을 품고 있어 자연생태계로도 큰 의미를 지니고 있다. 이 갯벌은 우리에게는 다양한 체험을 즐길 수 있는 공간이 돼준다. 전동 킥보드를 타고 바닷길을 달리거나 갯벌에 발을 담그고 고동을 잡거나 하는 등 다양한 체험이 가능하고 숙소에서 무료로 갯벌 체험을 즐길 수도 있다. 태안의 갯벌에서 서해를 흠뻑 느껴보자.

이PD 추천

갯벌 체험에서 만날 수 있는 해산물들

맛조개 / 백합조개 / 개불 / 골뱅이

꽃게 / 낙지 / 고동

| 전라도 | 경상도 | 제주도 |

추천먹거리

우럭젓국

태안의 유명한 향토 먹거리인 우럭포는 차례상이나 제사상에도 꼭 올라가는 특별한 음식이다. 말린 우럭인 우럭포를 끓여 우럭젓국을 만들기도 하는데 그 특별한 맛에 모두 반할 수밖에 없을 것이다. 우럭젓국이라 하면 흔히 생우럭과 젓갈을 같이 넣고 끓여 자칫 비린 맛이 나는 음식으로 생각하기 쉬운데, 말린 우럭포를 넣고 젓갈로 살짝 간을 해 시원하면서도 담백한 맛이 일품인 음식이다. 비린 맛을 잡기 위해 쌀뜨물을 이용하고 파, 고추 등 채소와 두부, 우럭포를 넣은 뒤 새우젓으로 간을 해 고소하고 쫄깃한 자연산 우럭 살과 매콤하고 짭조름한 국물 맛이 잘 어우러진다. 시원하고도 건강한 특별한 우럭젓국을 만나보자.

태안에서는 제사를 지내고 남은 우럭포에 국물을 부어 먹으면서 시작됐다고 합니다.

우럭포

이PD 추천

그 외 충청도 향토음식

• **게국지**
손질한 게를 묵은지와 함께 푹 끓여 내는 음식. 충청도에서는 먹고 남은 게장을 김장 하고 남은 배춧잎이나 무청 등과 함께 넣고 끓여서 먹기도 한다.

게국지

• **박속낙지탕**
낙지와 함께 박속과 무를 나박하게 썰어 시원하게 끓여 내는 탕. 특히 여름철 보양식으로 많이 먹는다.

박속낙지탕

느림의 미학이 있는 힐링 여행

예당호(예당저수지) · 봉수산 자연휴양림 · 동자개 매운탕·어죽

가을에 가면 좋아요 | 아이와 함께 가기 좋아요 | 산 전망 좋아요 | 1박 2일 추천해요

예쁜 빨간색의 사과가 떠오르는 예산은 충청도 내륙에 위치해 있으며 우리나라에서 가장 큰 저수지인 예당호가 있는 아름다운 호수의 도시다. 예산은 역사의 도시이기도 한데, 한국 불교의 역사를 볼 수 있는 수덕사, 윤봉길 의사 생가, 추사 김정희 선생의 고택, 임존성 등이 있어 한국사의 발자취를 더듬을 수 있기 때문이다. 멋과 맛이 함께하는 도시 예산을 찾아보자.

예당호(예당저수지)

서울 여의도 면적의 3.7배에 달하는 예산의 예당호는 1964년에 만들어진 우리나라에서 가장 큰 호수다. 거대한 호수 주변에 둘레길이 있어 호수를 따라 걸으면 마치 수상 정원을 산책하는 듯하다. 예당호에는 대한민국에서 가장 긴 출렁다리인 예당호 출렁다리가 있어 더 유명한데, 가도 가도 끝이 보이지 않는 402m 길이로 탑 전망대의 높이는 64m에 달한다. 3,150명이 동시에 통행할 수 있고 내진 1등급으로 설계돼 있어 더욱 안전하다고 하니 과감하게 발을 내디뎌보자. 은은하게 흔들리는 다리를 건너 아파트 3층 높이의 탑 전망대에 들어서면 탁 트인 예당호의 풍경과 끝없이 이어지는 출렁다리가 펼쳐진다. 사계절 아름다운 호수와 다리를 만날 수 있는 전망대에 꼭 올라가 보자.

주소 충남 예산군 응봉면

이PD 추천

예산 느린호수길

예당호의 일부를 따라 걷는 둘레길로, 무려 7km에 달한다. 시작점은 예당호 수문인데 교통이 불편한 편이라 예당 출렁다리부터 시작하는 것이 좋다. 다양한 관광명소를 둘러볼 수 있고, 데크길로 되어 있어 아이들도 걷기 좋은 길이다.

© 이준화, 대한민국 자연휴양림 가이드

주변여행지

봉수산 자연휴양림

이PD 추천

국내 자연휴양림 예약은 숲나들e 홈페이지(https://www.foresttrip.go.kr)를 통해 진행해야 한다.

2007년에 개장한 산림휴양시설. 예당호가 한눈에 보이는 자연휴양림이다. 하늘을 뚫을 기세로 높이 솟아 있는 나무 사이로 걷기 좋은 숲길이 조성돼 있고, 1~3시간까지 다양한 등산 코스도 조성돼 있어 가볍게 걷기에 좋다. 이 외에도 숲속의 집, 숲체험장 등이 있어 가족끼리 1박을 하기에도 손색이 없다. 인근에는 예당관광지, 천년 고찰 수덕사, 추사고택, 고건축박물관 등 볼거리도 많은 편이다. 1박을 하기 위해서는 꼭 사전 예약을 해야 한다.

주소 충남 예산군 대흥면 임존성길 153 **전화** 041-339-8936~7

동자개 매운탕·어죽

예산을 대표하는 호수 예당호는 빼어난 절경을 자랑할 뿐 아니라 민물낚시의 천국이기도 하다. 참붕어와 달리 모양이 동그스름한 떡붕어, 약으로 먹는 잉어, 빠가사리로 불리는 동자개 등 큼지막한 민물고기를 잡을 수 있다. 갓 잡은 동자개를 통째로 넣은 동자개 매운탕은 부드럽고 얼큰해서 술안주로도 해장으로도 좋다. 커다란 붕어는 으깨서 3시간 정도 푹 끓여 민물어죽을 만드는데 고추장, 국수, 수제비, 쌀을 넣어 속도 든든하고 편하다. 예산에서만 먹을 수 있는 특별한 별미라 예산 8미(味) 중 하나라고 한다.

Special page

충청도 최대 도시 대전에서 만나는 가을의 모습

MZ세대에게는 빵축제의 고장으로, 4050세대에게는 엑스포의 도시로 유명한 대전광역시는 충청도 최대 도시이자 과학과 연구의 도시다. 옛 이름인 '한밭'처럼 크고 너른 대전은 곳곳에 박물관과 과학관, 미술관이 있어 아이들과 함께하기에 더없이 좋은 도시이기도 하다. 잘 알려진 과학관, 박물관 외에도 가족 여행지로 좋은 명소들이 대전 곳곳에 있는데, 특히 가을에 가면 좋은 대전 여행지를 소개한다.

대표여행지

장태산 자연휴양림

가을의 낭만을 만끽할 수 있는 대전의 가을 명소 장태산 자연휴양림은 대전 시민들의 쉼터이자 힐링의 공간이다. 장태산 자연휴양림에는 메타세쿼이아 숲과 생태연못, 식물원 등 다양한 체험 장소가 있지만 나무 위를 걸을 수 있는 숲체험 스카이웨이가 가장 유명하다. 하늘길이라고도 부르며 키가 큰 나무와 눈높이를 맞추며 특별한 산책을 경험할 수 있다. 자연휴양림의 또 다른 하이라이트는 하늘길 끝의 숲속 전망대로, 나선형 계단으로 아파트 7층 높이까지 오르면 알록달록 화려한 옷을 입은 장태산이 한눈에 들어오고 발아래의 메타세쿼이아 숲 또한 조용히 운치를 더해준다.

주소 대전 서구 장안로 461 **전화** 042-270-7885 **운영** 09:00~19:00 **요금** 무료

 이PD 추천

숙박시설을 이용하려면 사전에 숲나들e 홈페이지를 통해 예약을 해야 한다. 성수기/비수기 여부, 숙박시설 종류에 따라 숙박료가 다르다.

울창한 메타세쿼이아 숲

축천먹거리

유성시장(유성오일장)

100년 전통의 재래시장, 유성오일장에서도 유독 북적이는 먹거리 골목은 저렴한 가격과 다양한 먹거리로 언제나 사람들로 붐빈다. 식사부터 간식까지 먹거리 골목에서만 한 끼를 해결할 수 있는데 가장 유명한 건 바로 잔치국수다. 옛 방식 그대로 국수 면을 뜨거운 국물로 데우는 토렴 방식에 간장과 멸치 육수, 아삭한 김치를 곁들이는 소박하지만 푸짐한 한 끼로 커다란 그릇에 나오는 잔치국수를 저렴한 가격에 먹을 수 있다. 저렴하지만 맛은 절대 저렴하지 않은, 맛있는 잔치국수 한 그릇으로 시장의 인심과 오일장의 재미를 느껴보자.

이PD 추천

유성 오일장은 유성 장대동 일대에서 매달 4일, 9일 열린다.

주소 대전 유성구 장대동 일대

전라도

1 강진
남도의 자연에 숨어 있는
다산의 흔적을 찾다

2 고흥
다도해의 도시
고흥으로 떠나는 특별한 여행

3 곡성
형형색색 장미의 매력에 빠지다

4 광양
겁나게 멋져부러!
눈길을 사로잡는 광양 여행

5 구례
노란 산수유꽃이 꽃망울을 터트리는
구례의 봄

6 구례
한여름 무더위를 식혀줄 물맞이 여행

7 나주
발길 닿는 곳마다 향긋한 봄 내음이
가득한 곳

8 목포
근대의 역사와 문화가
살아 숨 쉬는 항구 도시

9 순천
삶의 여유와 느림의 미학을 찾아
떠나는 여행

10 여수
밤바다보다 멋진 여수를 만나다

11 장성
옐로 시티에서 만나는
가장 화려한 노란색

12 해남
땅끝마을을 화려하게 수놓은
꽃의 향연

13 화순
천하제일의 비경을 찾아서

14 고창
밤하늘을 아름답게 수놓는
반딧불을 찾아서

15 완주·진안
언제 가도 좋은, 언제 봐도 좋은
청정 자연 여행

[Special Page]
개성 가득, 매력 가득 신안 섬 여행

남도의 자연에 숨어 있는 다산의 흔적을 찾다

강진만생태공원 · 고니다리 전망대 · 가우도 · 가래치기·물천어

가을에 가면 좋아요 / 산책하기 좋아요 / 바다 전망 좋아요 / 하루 꼬박 걸려요

전라남도 강진군은 강진만을 중심으로 좌우로 나뉜 A자 모양의 지역이다. '남도 답사 1번지'라 칭할 정도로 남도의 아름다운 자연을 만끽할 수 있는 곳이며 다산 정약용의 흔적을 여기저기에서 발견할 수 있어 그의 발자취를 따라가는 것만으로도 다채로운 여행이 가능하다. 풍부한 이야기가 담겨 있는 곳 강진을 만나자.

| 전라도 | 경상도 | 제주도 |

사람 키만 한 갈대가 양옆으로 늘어서 있어요!

대표여행지
강진만생태공원

자연의 소리가 하모니를 이루는 강진만 갈대밭은 가을의 끝자락이면 더욱 노랗게 물들어 황금빛 물결을 만든다. 강진군의 중심에 위치한 강진만에는 사람 키만 한 갈대가 늘어서 20만 평에 달하는 드넓은 갈대밭을 이루고 갈대밭에는 1,131종의 다양한 생물이 서식하고 있다. 가을이면 철새가 날아들어 2,000여 마리의 고니가 강진만을 찾는다. 고니 외에도 수달, 노랑부리저어새 등의 멸종위기종이 살 정도로 생물 다양성이 풍부하니 자연을 좀 더 가까이 느끼고 싶다면 늦가을에 더욱 아름다운 강진만을 찾아보자.

생태공원 안에는 탐진강~강진만을 둘러볼 수 있는 생태탐방로를 조성해 두어 편리하게 둘러볼 수 있다. 갈대숲을 구석구석 둘러볼 수 있는 데크길을 포함해 남포호 전망대, 쉼터, 생태체험학습장, 놀이터 등이 있다. 생태공원을 둘러보는 생태탐방로 데크길은 총 4.16km 이며, 갯벌 지형 특성상 일부 구간은 만조 시 침수로 이용이 제한되기도 한다.

이PD 추천
탐진강과 강진천이 만나는 강진만은 기수 지역에 형성돼 남해안 11개 하구 중 평균보다 2배 많은 생물종들이 서식하고 있다.

주소 전남 강진군 강진읍 생태공원길 47 홈페이지 https://www.gangjin.go.kr/gangjinbay 요금 무료

고니다리 전망대

강진만의 양쪽을 이어주는 고니다리는 다리이자 전망대 역할도 겸하고 있다. 마치 큰고니가 막 날아오르는 듯한 모습의 고니다리는 몸통 쪽으로 올라가면 광활한 갈대밭과 맑고 잔잔한 남해 바다가 한눈에 들어온다. 때로는 가을을 맞아 강진만을 찾은 큰고니 떼도 볼 수 있다고 하니 바다와 갯벌, 만과 갈대밭이 맞닿은 강진만에서 자연의 숨결을 느껴보자.

(주소) 전남 강진군 강진읍 생태공원길 47(강진만생태공원 내 위치)

이PD 추천
천연기념물 201호인 큰고니는 대표적인 겨울 철새로, 월동을 하기 위해 추운 시베리아에서부터 우리나라로 날아온다. 강진만은 특히 큰고니의 대표적인 서식지이다.

가우도

강진의 8개 섬 중 유일하게 유인도인 섬. 강진(대구면)과 이어지는 청자다리(438m)와 해남(망호리)과 이어지는 다산다리(716m)로 이어져 있다. 두 다리 모두 도보로만 이용할 수 있다. 두 개의 다리는 총 1,100m 정도로 국내에서 가장 긴 인도교다.
섬의 모양이 소(牛)의 멍에(駕; 수레나 쟁기를 끌기 위해 소의 목에 얹는 막대)처럼 생겼다 하여 이름 붙여진 가우도는 섬을 한 바퀴 둘러볼 수 있는 생태탐방로 '함께해(海)길(총 2.5km, 1시간~1시간 30분 소요)'과 모노레일, 짚라인, 전망대인 청자타워 등 즐길거리가 가득하다.

(주소) 전남 강진군 도암면 신기리 산31-2

이PD 추천
자가용 이용 시, 강진이나 해남 쪽에 주차를 하고 가우도로 진입해야 한다.

강진 쪽 주차장 : 전남 강진군 대구면 저두리 320-9
해남 쪽 주차장 : 전남 강진군 도암면 월곶로 469

가래치기·물천어

1년에 딱 하루, 저수지의 물이 거의 빠지는 날이면 많은 사람이 대나무를 촘촘히 엮어 만든 가래로 물고기를 잡기 위해 모여든다. 탁한 물은 걸러내고 내년 농사에 쓰일 새 물을 받기 위해 11월에 저수지의 물을 빼는데, 그때 저수지에 살고 있는 물고기를 잡기 위해 모이는 것이다. 가래로 민물고기를 잡는 가래치기는 100여 년을 이어온 전통 어법으로 진흙 속에 숨어 있는 물고기를 가래로 가둔 후 잡는 방법이다. 물이 빠진 저수지에는 가물치, 붕어, 동자개까지 나와 잡는 사람도 재밌고 구경하는 사람도 재밌는 작은 축제의 장이다. 가래치기를 하는 날이면 부녀회에서 물천어를 만들어 모두 함께 나눠 먹는데, 물천어란 민물고기의 전라도 방언으로 민물고기에 양념, 무, 고구마 줄기를 넣고 솥에 넣고 찌는 요리 또한 물천어라 부른다. 재료를 겹겹이 쌓아 더욱 푸짐하고 양념이 잘 스며들어 비린내가 없어 더욱 맛있는, 그야말로 가래치기의 하이라이트다.

다도해의 도시
고흥으로 떠나는 특별한 여행

고흥 작약꽃밭 · 지죽도 · 고흥 유자

봄에 가면 좋아요 · 드라이브하기 좋아요 · 바다 전망 좋아요 · 반나절이면 충분해요

전라남도 고흥군은 무려 150개에 달하는 섬을 품고 있는 남도의 지역이다. 바다에 안겨 있는 곳답게 아름다운 산과 바다, 그리고 섬을 볼 수 있으며 그 안에서 나는 풍부한 해산물 또한 꼭 경험해 봐야 한다. 특히 풍부한 일조량과 시원한 바닷바람 덕분에 유자와 석류의 고장이기도 하기에 유자와 석류로 만든 다양한 먹거리를 만날 수 있다. 유자차, 석류청뿐만 아니라 막걸리, 빵 등이 있으니 향긋한 유자와 석류의 향이 맴도는 고흥으로 떠나보자.

| 전라도 | 경상도 | 제주도 |

고흥 작약꽃밭

이PD 추천

작약꽃밭 사이로 산책로가 조성돼 있어 길을 따라 걷다가 꽃과 바다를 배경으로 사진을 찍기에 좋다.

고흥을 화사하게 물들이는 작약꽃밭은 바다와 어우러지는 한 폭의 그림 같은 풍경을 선사한다. 동양의 장미라 불리는 작약은 한 송이만으로도 화려한 모습을 자랑하는데, 고흥의 작약꽃밭은 알록달록한 색감을 뽐내며 화려하게 핀 수만 송이의 꽃이 눈길을 사로잡는다. 또한 꽃밭에 감도는 그윽하고 은은한 향은 지나가는 이의 발길을 붙잡는다. 매년 5월이면 작약은 큼지막한 꽃망울을 터트리는데, 이 모습이 함지박처럼 탐스러워서 함박꽃이라고도 불리기도 한다. 작약이 가득한 꽃밭은 연신 탄성을 불러일으키기에 충분하다.

주소 전남 고흥군 영남면 우천리 산119-2

인생 사진을 얻기 좋은 포토 스팟!

작약

지죽도 해식동굴

숲으로 둘러싸인 깊은 산속이 아니라 섬마을을 둘러싼 푸른 바다 어딘가에서 약수가 샘솟는다. 바로 전남 고흥 지죽도의 동굴 약수로 마을 뒤편에 병풍처럼 자리한 태산 자락 대나무처럼 솟은 주상절리 아래에 약수가 나는 동굴이 숨어 있다. 평소에는 바닷물이 가득 차 있고 하루에 두 번 썰물 때 바닷물이 빠지면 동굴 입구가 나타난다. 어둡고 좁은 동굴에 들어가면 일년 내내 바위 사이로 샘 솟는 약수가 나타난다. 바닷물이 빠져나간 자리에 흐르는 약수인데도 짠맛이 없고 단맛만 남아 주민들의 식수이자 약수로 사용됐다고 한다. 주민들은 피부에도 좋다고 말하니 신비한 약수를 시원하게 한 모금 들이켜보자.

주소 전남 고흥군 도화면

지죽도를 즐기는 방법

섬 전체가 주상절리대로 이루어진 지죽도에는 우리나라 명승으로 선정된 금강죽봉이 있다. 마치 금강산 해금강 총석정을 그대로 옮겨 놓은 것 같은 금강죽봉은 이름처럼 화려한 비경을 자랑한다. 이 외에도 촛대바위, 활개바위 등 웅장함을 자랑하는 풍경들을 볼 수 있어 지죽도에는 트레킹을 즐기기 위해 찾는 사람들이 많다.

이뿐만 아니라 지죽도는 인근 섬인 대염도, 죽도, 목도 등과 함께 다도해해상국립공원으로 지정돼 아름다운 풍경을 자랑한다. 바다에서 바라본 섬의 모습이 아름다워 배를 타고 지죽도를 둘러보는 것도 지죽도를 제대로 즐기는 방법 중 하나다.

고흥 유자

고흥의 대표 농산물인 고흥 유자는 전국 최고의 유자 재배 면적과 생산량을 자랑한다. 따뜻한 기후와 비옥한 토질, 풍부한 일조량과 해풍 등 유자를 재배하기 최적의 기후 조건을 갖춘 고흥에서 생산된 유자는 색과 향이 좋고 과즙량이 많아 고품질로 평가된다.

고흥에 가면 고흥 유자를 사용한 다양한 요리를 맛볼 수 있다. 유자청을 비롯해 유자막걸리, 유자빵, 유자 착즙 주스 등 다양한 유자 가공식품들을 구매할 수 있으며, 유자피자, 고흥의 또다른 특산물인 삼치를 이용한 유자삼치구이, 유자장어구이 등의 이색 요리도 맛볼 수 있다.

곡성

형형색색 장미의 매력에 빠지다

섬진강기차마을 곡성천 둑방 장터 토란 만주

봄에 가면 좋아요 | 아이와 함께 가기 좋아요 | 산 전망 좋아요 | 반나절이면 충분해요

영화 <곡성> 때문에 어쩐지 스산한 분위기가 풍길 것 같은 전라남도 곡성이지만 막상 도착한 곡성은 전혀 영화가 생각나지 않는다. 남도의 풍요로움을 그대로 품고 있는 비옥한 평야와 푸른빛을 빛내며 흐르는 섬진강, 그리고 초록의 나무가 가득한 아름다운 고장이다. 곡성의 6월은 더욱 더 화려해지는데, 알록달록하고 다채로운 색을 자랑하는 장미꽃밭 덕분이다. 향기로 빛깔로 저마다의 매력을 뽐내는 화려한 장미꽃밭을 만나보자.

섬진강기차마을

곡성에서 가장 화사한 관광지인 장미공원은 섬진강기차마을 단지 내에 위치해 있다. 풍성한 꽃잎 덕분에 꽃의 여왕이라 불리는 장미가 활짝 핀 장미꽃밭은 무려 1,000여 종이 넘는 장미가 있어 마치 전 세계의 모든 장미를 한자리에서 보는 듯하다. 우리가 흔히 보는 진한 빨간색 장미부터 발랄한 주황색, 은은한 하얀색 장미가 모양새까지 달라 더욱 눈길을 사로잡는다. 장미꽃 외에도 다양한 수목과 연못, 미로원, 분수 등이 있어 지루하지 않게 산책할 수 있다. 5~11월 내내 장미꽃을 감상할 수 있지만 매년 5~6월에 세계장미축제를 개최한다고 하니 가장 장미가 아름다운 시기를 놓치지 말자.

주소 전남 곡성군 오곡면 기차마을로 232(섬진강기차마을) **홈페이지** https://www.railtrip.co.kr/homepage/gokseong/ **요금** 성인 5,000원, 어린이 4,500원
※ 증기기관차, 레일바이크 등 유료 시설 이용 시 별도 요금 추가

이PD 추천

장미꽃밭이 있는 섬진강기차마을에는 증기기관차, 레일바이크, 미니기차 등 즐길거리가 많아 아이가 있는 가족 여행자들에게 좋다.

| 수도권 | 강원도 | 충청도 |

곡변여행지

곡성천 둑방 장터(곡성기차당 뚝방마켓)

매주 토요일 곡성천을 따라 펼쳐지는 둑방 장터에는 전국의 손재주 있는 사람들이 모두 모인다. 손수 만든 액세서리부터 직접 자르고 정성 들여 만든 수제 가죽 공예품, 나무 본연의 매력을 한껏 살린 수제 도마, 개성을 듬뿍 담은 도자기 식기까지, 한 사람의 정성과 고민이 들어간 유일한 수제품이 주인을 기다린다. 최대 70여 명의 판매자가 저마다의 솜씨를 자랑하고 있으니 재밌는 구경도 할 수 있고 찾던 제품도 구입할 수 있는 둑방 장터를 찾아보자.

(주소) 전남 곡성군 곡성읍 곡성로 856(곡성기차마을 전통시장 주변 둑방길) (홈페이지) https://gokseongtour.modoo.at/ (운영) 3월~11월 매주 토요일 개장(12월~2월 동절기 휴무)

세상에 하나뿐인 유일한 것!

한 땀 한 땀 공들여 만든 수제 액세서리
수제 액세서리

수제 가죽 공예품

직접 그림을 그려 넣은 잡화

토란 만주

곡성은 전국 토란 생산량의 70%를 차지하는 곳으로, 1년 내내 토란을 먹을 수 있다. 보통 토란은 땅의 기운을 머금고 가을에 영글어 수확하지만 곡성에서는 토란 만주로 1년 내내 토란을 즐긴다. 토란처럼 생긴 모양새는 물론, 껍질 특유의 주름까지 재연한 토란 만주는 껍질을 벗긴 토란처럼 속을 하얗게 채워서 진짜 토란과 무척 비슷하다. 토란의 미끌미끌한 성분을 '뮤신'이라고 하는데 위 점막을 보호해 건강에 도움을 준다. 하지만 특유의 아린 맛이 있어서 쌀뜨물에 데친 뒤 곱게 갈아 아몬드 가루와 강낭콩을 섞어 숙성시킨 뒤 동그랗게 빚는다. 반죽을 한 장 한 장 쌓아서 정성스럽게 만든 토란 만주는 겉은 바삭하고 속은 부드럽고 적당한 단맛이 있어서 자꾸자꾸 손이 간다. 곡성 여행을 더욱 만족스럽게 해주는 토란 만주를 꼭 맛보도록 하자.

겁나게 멋져부러!
눈길을 사로잡는 광양 여행

배알도 · 백운산 자연휴양림 · 광양목재문화체험장 · 구봉산 전망대

가을에 가면 좋아요 · 아이와 함께 가기 좋아요 · 산 전망 좋아요 · 1박하기 좋아요

고고하게 흐르는 섬진강이 반겨주는 전라남도 광양은 '겁나게' 멋진 곳들이 여기저기 숨겨져 있다. 단풍의 붉은빛이 화려하게 물든 백운산, 초록의 나무와 붉은 동백이 조화를 이루는 옥룡사지 동백나무숲, 하얀빛이 흐드러진 매화마을, 푸른 광양만을 만나는 구봉산 전망대까지 다채로운 색으로 감싸인 곳이기도 하다. 굽이굽이 흐르는 섬진강 물길이 푸른 남해에 다다르는 곳, 강과 바다가 만나는 곳 광양으로 떠나보자.

배알도

광양 배알도는 이곳으로 귀양 온 선비가 임금님이 계신 북쪽을 향해 '배알'했다고 해 배알도라고 이름이 붙여졌다고 한다. 2021년 육지와 배알도를 잇는 다리가 놓여 광양을 찾는 이들에게 숨은 명소로 각광받고 있다. 275m의 해맞이다리를 건너면 아기자기한 섬 배알도에 도착한다. 바람 따라 흔들리는 갈대와 남해바다를 바라보며 걷는 해안길은 가을의 낭만을 물씬 느낄 수 있고 때때로 버스킹 공연이 펼쳐져 여행에 재미를 더한다. 배알도 꼭대기의 고즈넉한 정자로 올라가면 강과 바다가 만나 시원한 바람이 불어온다.

육지 쪽에 있는 배알도 수변공원에서는 캠핑과 해수욕, 갯벌체험 등을 즐길 수 있다. 코로나19로 운영을 중단한 곳도 있으니 확인 후 방문하자.

주소 전남 광양시 태인동

백운산 자연휴양림

가을이 되면 오색 빛깔로 물드는 광양의 백운산은 통일신라시대 고승 도선국사가 수행한 곳으로 광양의 손꼽히는 명산이다. 백운산에는 식물생태숲, 황톳길, 자연휴양림 등이 자리 잡고 있어 광양 시민들의 휴양지이자 힐링의 공간이기도 하다. 휴양림 내 숲속의 집에서 머물며 한껏 느끼는 숲의 공기와 푸르름은 마음에 쌓인 작은 스트레스까지 해소해 줄 것이다.

주소 전남 광양시 옥룡면 백계로 337. 홈페이지 https://www.foresttrip.go.kr/ 운영 09:00~18:00, 매주 둘째·넷째 주 월요일 휴무

숙박시설인 숲속의집과 야영을 즐길 수 있는 카라반 등이 있어 1박을 하거나 당일치기로 캠핑을 즐기기에 좋다.

광양목재문화체험장

백운산 자락에 자리한 목재 체험관은 멋진 한옥 건물에서 나무의 새로운 모습을 만날 수 있는 곳으로, 직접 나무를 갈고 닦으며 의자는 물론, 책장과 쟁반 등을 만들어 볼 수 있다. 전문가가 도와주니 손재주가 없는 사람도 도마 하나쯤은 뚝딱 만들 수 있고 1시간 정도의 시간을 할애하면 나무 탁자까지 완성 가능하다. 아이들을 위한 오감 체험 프로그램도 진행하니 가족이 함께하기에 더없이 좋은 곳이다.

(주소) 전남 광양시 옥룡면 추산리 991-3 (전화) 061-762-9511 ※ 운영 및 요금은 전화 문의

이PD 추천
백운산 자연휴양림 안에 위치하고 있어 함께 둘러보면 좋다.

구봉산 전망대

화려하게 빛나는 광양의 밤을 만날 수 있는 구봉산 전망대는 광양을 상징하는 매화를 본떠 만든 곳이다. 낮에는 따스한 햇볕이, 밤에는 화려한 조명이 감싸는 전망대에 오르면 발아래 9.4km에 달하는 해안 도로와 광양제철소, 이순신대교, 광양항이 색색의 불빛으로 물들어 눈부시게 찬란한 밤을 선물한다. 광양의 풍경이 파노라마처럼 펼쳐지는, 낮보다 더 화려한 밤을 만나고 싶다면 구봉산 전망대에 올라가 보자. 전망대에는 문화관광해설사가 상주하고 있어 친절한 해설을 들을 수 있다.

(주소) 전남 광양시 구봉산전망대길 155 (운영) 연중무휴 ※ 문화관광해설 : 1일 5회 운영(10:30, 11:30, 14:00, 15:00, 16:00)

이PD 추천
전망대 입구까지는 자동차로 올라갈 수 있다. 경사가 꽤 가파르기 때문에 최대한 자동차로 올라가는 것을 추천한다.

노란 산수유꽃이 꽃망울을 터트리는 구례의 봄

산수유마을 · 지리산 치즈랜드 · 서시천 벚꽃길 · 지리산 봄나물

봄에 가면 좋아요 · 아이와 함께 가기 좋아요 · 산 전망 좋아요 · 하루 꼬박 걸려요

구례의 봄은 어쩌면 전국에서 기다리고 있을 듯하다. 고요하게 흘러가는 섬진강과 한 폭의 병풍 같은 풍경이 펼쳐지는 지리산을 품고 있는 구례는 그 어떤 계절보다 봄이 기다려지는 곳이다. 섬진강을 따라 흐드러지게 피는 벚꽃과 지리산 자락에서 저마다 향을 자랑하는 봄나물, 그리고 봄햇살에 더욱 빛나는 산수유꽃이 어서 오라 손짓하기 때문이다. 구례의 봄은 어떤 모습일지 만나 보자.

| 전라도 | 경상도 | 제주도 |

상위 마을에서는 산수유마을이 한눈에 담겨요.

대표여행지
산수유마을

구례 반곡마을은 봄이면 산수유꽃이 군락을 이룬다. 1,000년 전, 중국 산동성의 한 처녀가 결혼해 이곳으로 오면서 산수유 묘목을 가져와 심었고 그 산수유가 마을 전체로 퍼졌다고 한다. 그 오래된 시간만큼이나 오래된 나무는 단단하게 뿌리를 내려 꽃과 열매를 모두 내어주며 마을과 함께 자랐다. 맑고 깨끗한 계곡물이 마을 사이를 가로지르며 산수유꽃 군락과 어우러져 구례의 봄을 찾는 사람들의 발길을 멈추게 한다. 산수유를 만날 수 있는 다양한 체험과 산수유로 만든 연잎밥, 꿀 등이 기다리고 있다. 반곡마을 외에도 계척마을, 상위마을, 하위마을, 월계마을, 평촌마을 등 여러 마을들이 모여 구례 산수유마을을 이루고 있다.

이PD 추천
- 계척마을에 1,000년 전 중국 산동성에서 가져온 우리나라 최초의 산수유 시목이 있다.
- 마을을 둘러보며 산수유를 만끽할 수 있는 산수유 길이 있다. 총 5코스로, 코스별로 평균 1시간 정도 소요된다.

주소 전남 구례군 산동면 위안리 **홈페이지** http://www.sansuyoo.net/sansuyoo/

지리산 치즈랜드

푸른 언덕을 노랗게 수놓은 수선화가 바람이 불 때마다 향긋한 꽃 내음을 풍기는 곳, 최근 구례에서 가장 인기 있는 관광지 지리산 치즈랜드다. 두 마리의 소로 시작해 지금은 소 떼를 방목하며 치즈와 요거트를 만드는 곳이지만 지금은 황금빛 벌판을 이루는 수선화로 더 유명해졌다. 구례에서 가장 사진 찍기 좋은 곳, 황금색 수선화가 마음을 빼앗는 곳으로 SNS에서 인기를 얻고 있으며 자그마한 언덕에 오르면 별을 닮은 수선화 너머로 파란 호수가 펼쳐져 장관을 이룬다. 언덕 끝에는 복슬복슬 포근한 털옷을 자랑하는 귀여운 양이 사람들의 손길을 기다리고 있다.

주소 전남 구례군 산동면 산업로 1590-62 **전화** 061-782-2587 **홈페이지** www.jcheeseland.co.kr **운영** 3월~11월 10:00~18:00, 12월~2월 10:00~17:00 **요금** 체험마다 다름

이PD 추천
치즈 만들기, 송아지 우유먹이기 등의 체험을 즐길 수 있다. 체험을 원한다면 방문 전 홈페이지를 통해 온라인 예약을 해야 한다.

서시천 벚꽃길

구례 하면 섬진강 벚꽃길이 떠오르지만 근교에도 숨은 벚꽃길이 있다. 전국에서 몰려온 인파를 피해 조금 더 여유 있게 봄꽃을 맞이할 수 있는 서시천 벚꽃길이다. 서시천은 꽃강이라고 부를 정도로 꽃이 화사한 곳으로, 봄이면 여린 분홍빛의 벚꽃과 귀여운 노란색의 개나리가 길을 안내하고, 가을이면 은은한 코스모스가 만발해 눈을 즐겁게 한다. 9km 가까이 되는 긴 둑방길이 탐스러운 꽃으로 가득해 발걸음이 하나도 지루하지 않다.

이PD 추천 벚꽃길은 서시천체육공원을 중심으로 둑방길을 따라 조성돼 있다.

주소 전남 구례군 구례읍 서시천로 84-11(서시천체육공원)

지리산 봄나물

지리산 자락에 위치한 구례는 나물 또한 유명하다. 바야흐로 봄나물의 계절이 오면 향긋하면서 쌉싸름한 머위가 지천에 가득하고 씹으면 씹을수록 단맛이 나는 쑥부쟁이, 씁쓸하면서도 풀 향이 가득한 취나물 등을 만날 수 있다. 봄나물을 뜨거운 물에 살짝 데쳐 먹기 좋게 썰고 고소한 참기름과 깨소금을 넣은 뒤 조물조물 무치면 간단한 나물 반찬이 되고 머위, 쑥부쟁이, 취나물, 목이버섯, 무생채에 밥 한 공기만 더하면 건강한 비빔밥이 완성된다. 그야말로 구례의 봄을 그릇에 담은 봄나물 비빔밥을 꼭 만나보자.

한여름 무더위를 식혀줄 물맞이 여행

수락폭포 — 사성암 — 구례 수박

- 여름에 가면 좋아요
- 트레킹하기 좋아요
- 산 전망 좋아요
- 반나절이면 충분해요

지리산과 섬진강이 있어 배산임수의 명당으로 손꼽히는 전라남도 구례는 아름다운 풍경 덕분에 더욱 유명하다. 대한민국에서 두 번째로 높은 산인 지리산과 천년 고찰 화엄사, 벚꽃이 필 때 더 아름다운 섬진강과 황금색 꽃 군락이 펼쳐지는 산수유 마을, 신비로운 사성암이 구례를 더욱 아름답게 만들어준다. 산과 강, 그리고 꽃과 구름이 어우러지는 구례로 떠나보자.

사시사철 마르지 않는다는 폭포수

수락폭포

이PD 추천

유모차나 휠체어가 다니기 쉽게 데크길이 조성돼 있으며, 유모차와 휠체어 대여도 가능하다. 이뿐만 아니라 반려동물 출입도 가능해 온 가족이 함께 즐기기 좋다.

구례 산동면에 위치한 수락폭포는 폭포수를 맞으면 허리가 낫는다고 해서 유명해졌다. 15m나 되는 높이에서 기암괴석 사이로 거침없이 쏟아지는 물줄기는 그 소리만으로도 무더위가 날아가는 듯한데, 여름에도 얼음장같이 차가운 온도 덕분에 많은 사람이 더위를 피하기 위해 수락폭포를 찾는다. 힘차게 떨어지는 폭포수에 맞으면 병이 낫는다는 속설이 있는데 강한 물살 때문에 몸을 가누기가 힘들 정도다. 차가운 폭포수로 마사지를 받는 듯 시원하지만 다치지 않도록 주의가 필요하다.

주소 전남 구례군 산동면 수기리 249-4

주변여행지

사성암

구례의 주산인 오산 정상에는 깎아지른 절벽 위에 아슬아슬하게 터를 잡은 암자 사성암이 자리하고 있다. 해발 531m의 오산 정상에 위치해 구례 전경과 지리산 천왕봉이 보일 정도로 멋진 풍경을 자랑한다. 의상대사, 원효대사, 도선국사, 진각선사 등 네 명의 고승이 수도한 곳이라는 뜻으로 사성암이라 불린다. 원효대사가 손톱으로 새겼다는 전설이 있는 마애여래입상, 도선국사가 깨달음을 얻었다고 전해지는 도선굴 등 이곳저곳에 고승의 흔적이 남아 있어 더욱 신비롭고 경건한 느낌이다. 오산을 휘감고 있는 운무가 서서히 걷히면 고고하게 흐르는 섬진강과 구례의 너른 벌판, 멀리 지리산까지 한눈에 들어오니 구례에서만 만날 수 있는 환상적인 풍경이 아닐 수 없다. 사찰 초입까지 자동차로 진입이 가능하다.

주소 전남 구례군 문척면 사성암길 303

이PD 추천

사성암 소원바위와 부처님 옆얼굴 찾기

사성암에서 가장 유명한 보물로 손꼽히는 소원바위는 간절한 소원 하나를 꼭 들어준다고 한다. 하지만 소원이 이루어지는 또 하나의 비밀은, 부처님 얼굴을 찾는 것이다. 도를 닦은 사람, 맑은 영혼을 가진 사람에게만 보인다는 부처님의 옆모습은 눈, 코, 입까지 모두 신비롭도록 부처님을 닮았다고 하니 마음을 정돈하고 부처님의 모습까지 확인하고 소원을 이루어보자.

사성암에서 내려다 본 풍경

| 전라도 | 경상도 | 제주도 |

구례 수박

여름을 알리는 여름의 대표 과일 수박은 구례의 특산품이기도 하다. 구례 수박은 섬진강 상류에서 내려온 토사가 쌓인 기름진 들판에서 생산하기에 더욱 달고 맛있어서 유명하다. 일반 수박보다 훨씬 큰 구례 수박은 마치 꿀이 들어 있는 듯 달아서 식사 후 수박 한 조각이면 디저트가 필요 없을 정도다. 최근에는 껍질이 얇고 더 달콤한 흑수박, 친환경 수박 등 다양한 수박을 생산하고 있으니 구례의 맛이 담긴 수박으로 더운 여름을 이겨내 보자.

나주

발길 닿는 곳마다
향긋한 봄 내음이 가득한 곳

한수제 벚꽃길　　전라남도 산림자원연구소　　봄나물 요리

봄에 가면 좋아요　드라이브하기 좋아요　산 전망 좋아요　반나절이면 충분해요

전라도에서 '라'를 맡고 있는 나주는 영산강이 가로지르며 그 주변으로는 넓은 평야가 펼쳐져 비옥한 땅을 형성한다. 나주는 무엇보다 배가 가장 유명하다. 노랗고 달콤한 과일 배뿐만 아니라 타는 배 또한 유명한데, 조선 시대 물자교역의 중심지인 영산강을 드나들던 황포돛배 덕분이다. 옛날 뱃길을 따라 영산포에 도착하는 동안 배에 실어둔 홍어가 푹 삭아버렸고 그 삭은 홍어를 별미로 먹기 시작한 곳이 바로 나주다. 역사와 문화가 흐르는 곳 나주를 발견해 보자.

저수지 주변을 수놓은 벚꽃

한수제 벚꽃길

이PD 추천

한수제 초입에 무료 주차장이 있다. 주말이면 주차 전쟁이 벌어질 정도로 많은 자동차가 몰리니, 서둘러 방문하는 것이 좋다.

나주에서 가장 봄나들이 가기 좋은 장소인 한수제 벚꽃길은 강변도로에 흐드러지게 핀 벚꽃이 마음을 두근두근하게 만든다. 금성산 아래 한수제는 크고 넓적한 바위와 운치 있는 저수지가 있어 예로부터 나주 시민들의 휴식처였으며 봄이면 가족과 연인과 친구와 산책하기에 더욱 좋은 곳이기도 하다. 특히 저수지를 따라 데크길을 조성해 두어 아름다운 풍경을 만끽하며 산책을 즐기기에 제격이다. 봄의 냄새가 물씬 풍기는 벚꽃길을 걸으며 나주를 만끽해 보자.

주소 전남 나주시 경현동(한수제)

나주의 환상 벚꽃길

전라남도 산림자원연구소

나주시에 있는 산림자원연구소는 산림 자원과 산림 치유를 연구하고 생물 다양성을 보전하기 위한 곳이지만 지금은 사진 찍기 좋은 장소로 유명해졌다. 연구소 곳곳에 조성된 치유의 숲이 인기가 있는데, 특히 길 양쪽으로 메타세쿼이아 나무가 길게 늘어선 길이 포토 스폿으로 인기가 높다. 피톤치드를 느끼며 산책하기에도 좋지만 기다란 나무 사이에서 인생 사진을 찍을 수 있다. 어린이를 위한 숲 교육 등 다양한 체험활동도 준비돼 있으니 나무가 주는 힐링의 시간을 여유롭게 경험해 보자.

이PD 추천
방문자센터를 가장 먼저 방문하여 치유의 숲 지도와 이용 안내정보를 받으면 좋다.

(주소) 전남 나주시 산포면 다도로 7 (홈페이지) http://jnforest.jeonnam.go.kr/ (운영) 하절기(3월~10월) 09:00~18:00(입장 마감 17:00), 동절기(11월~2월) 09:00~17:00(입장 마감 16:00)

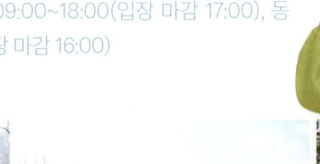

인생 사진을 안 찍으면 서운하죠~

봄나물 요리

봄이면 지천에 깔린 봄의 선물 머위는 그야말로 밭에서 나는 보약이다. 쌉싸래하면서도 향긋해서 어떻게 조리해도 잘 어울린다. 하늘이 내린 보물이자 신선들이 먹는 신선초, 봄의 전령사 쑥 등 향긋한 봄나물을 깨, 참기름, 된장을 더해 조물조물 무친 뒤 비빔밥을 만들면 봄을 담은 한 그릇의 식사가 완성된다. 밀가루에 소금과 설탕을 조금 넣고 쑥을 넣어 버무린 뒤 찜기에서 20분 정도 찌면 쑥 향기를 그대로 느낄 수 있는 쑥버무리가 되고, 나주에서 흔한 배를 네모나게 썰어 만든 배깍두기는 연하고 매콤하고 달콤해서 누구나 호불호 없이 즐길 수 있다. 향긋한 봄나물과 배 요리로 나주에서 봄을 만나보자.

근대의 역사와 문화가 살아 숨 쉬는 항구 도시

유달산　　　유달산 바위샘　　　목포 홍어·미추리빵(못난이빵)

가을에 가면 좋아요　　산책하기 좋아요　　바다 전망 좋아요　　반나절이면 충분해요

한반도 서남쪽 끝에 자리한 항구 도시 목포는 나이 든 이들에게는 '목포의 눈물'로 젊은이들에게는 레트로한 여행지로 인상적인 도시다. 크지 않은 규모의 도시지만 서쪽으로는 아름다운 섬을 품은 바다가, 남쪽으로는 목포를 대표하는 산인 유달산이 있어 바다와 산, 그리고 섬 여행까지 가능한 곳이다. 서해의 푸른 바다를 만날 수 있는 곳, 근대의 역사를 품고 있는 곳, 전라도의 맛을 찾을 수 있는 곳 목포로 떠나보자.

| 전라도 | 경상도 | 제주도 |

> 목포의 절경이 한눈에!

📍 유달산
대표여행지

목포의 상징 유달산은 228m 높이로 높지는 않지만 험준한 절벽과 기암괴석으로 이루어진 바위산이다. 유달산 또는 영달산으로 불리며 영혼이 거쳐 가는 곳이라는 뜻을 담고 있다. 우리나라 최초의 야외 조각공원, '목포의 눈물' 기념비, 아름다운 정자가 자리하고 있어 다양한 볼거리를 보기 위한 관광객들의 발길이 끊이지 않는다.

유달산에서 가장 유명한 곳은 낙조대. 유달산 자락에 위치한 낙조대에는 정자가 하나 있는데, 그 정자에서 바라본 목포 앞바다 경치가 일품이다. 다도해의 수려

한 경관과 함께 목포의 랜드마크인 목포대교가 어우러져 절경을 연출한다. 목포대교 옆으로 보이는 섬이 고하도. 특히 일몰시간에 맞춰 방문하면 더욱 아름답다. 유달산 주차장을 시작으로 조각공원, 낙조대, 아리랑고개 등을 돌아 나오는 유달산 둘레길을 걸어보아도 좋다. 유달산은 붉은 단풍으로 물든 가을에 더욱 아름다우니 가을 시즌에 맞춰 방문하는 것을 추천한다.

주소 전남 목포시 죽교동 산27-3

전라도 | 경상도 | 제주도

유달산 바위샘

유달산의 단단한 바위를 뚫고 솟아나는 샘이 있다? 보광사 법당 바닥의 비밀스러운 문을 열면 신비한 샘물이 고여 있다. 3m에 달하는 샘물은 흐르고 있지 않는 데도 맑고 투명한 빛을 자랑한다. 물이 귀한 유달산의 일등바위에서 시작해 법당 아래에서 샘이 생겼고 그 귀한 샘물을 짓샘이라 부르며 인근 주민들이 약수로 마셨다고 한다. 짓샘을 찾는 사람들이 많으나 아쉽게도 일반인들은 쉽게 볼 수 없다.

주소 전남 목포시 유달로 203-1(보광사)

이PD 추천

걸어서 유달산을 오르기 힘들다면 해상 케이블카를 이용해 보아도 좋다. 유달산이 있는 북항승강장과 유달산 맞은편에 있는 고하도승강장 두 곳에서 출발하며, 중간에 유달산승강장에서 잠깐 정차하여 둘러볼 수 있다. 편도 20분 정도 소요되며, 바닥이 투명한 크리스털 캐빈과 투명하지 않은 일반 캐빈이 있다. 케이블카를 타고 가다 보면 목포 시내는 물론 사방이 탁 트인 목포 앞바다를 조망할 수 있다.

주소 [북항승강장] 전남 목포시 해양대학로 240, [고하도승강장] 전남 목포시 달동 산192-18 홈페이지 http://www.mmcablecar.com/ 요금 (왕복) [일반 캐빈] 성인 2만2,000원, 어린이 1만6,000원, [크리스털 캐빈] 성인 2만7,000원, 어린이 2만1,000원

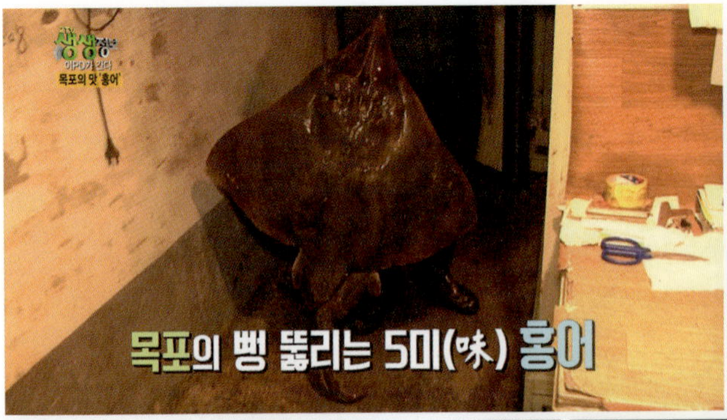

목포 홍어

갈치, 민어, 낙지, 꽃게와 함께 목포 5미(味)에 속하는 홍어는 목포를 대표하는 별미다. 목포의 홍어는 전통 방식으로 삭히기 때문에 더 유명한데, 항아리에 홍어를 넣고 짚으로 삭혀 더 잘 삭고 물기도 없어지고 더 맛있다고 한다. 홍어의 진미는 바로 홍어 코, 다음이 날개고 마지막이 꼬리라고 하는데 그 싸한 맛이 삭힌 홍어의 하이라이트다. 홍어에 삶은 돼지고기, 묵은지를 곁들여 홍어 삼합으로 먹으면 새콤하고 달콤하고 매콤해서 완벽한 조화를 이룬다. 조금은 두려울 수 있지만 목포에 왔다면 목포의 별미 홍어를 꼭 맛보도록 하자.

추천먹거리

미추리빵(못난이빵)

목포 사투리로 '미추리'는 '못난이'라는 뜻이다. 목포에서 미추리를 모르는 사람이 없을 정도로 귀여운 이름으로 사랑받고 있는 미추리빵은 목포 사람들뿐만 아니라 전국에서 줄을 서서 구입하는 간식이다. 울퉁불퉁 마음대로 생긴 미추리빵에 달콤한 설탕 옷을 입히면 쫄깃쫄깃하고 고소해서 몇 개씩 계속 먹게 된다. 40년의 역사가 담긴 미추리빵을 꼭 먹어보자.

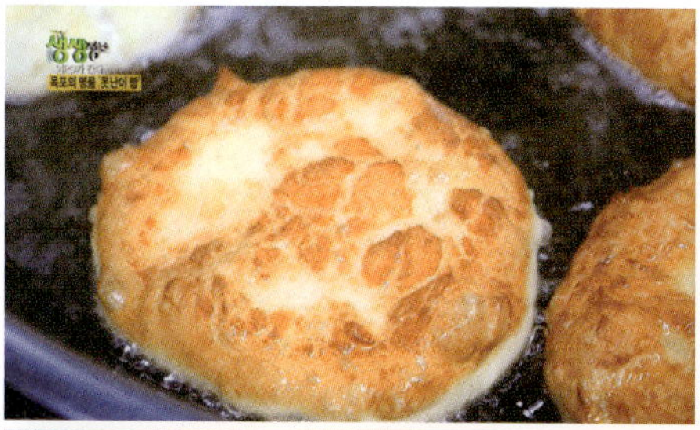

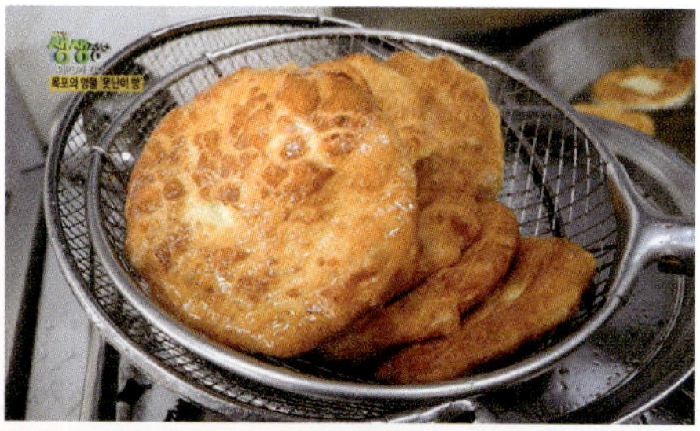

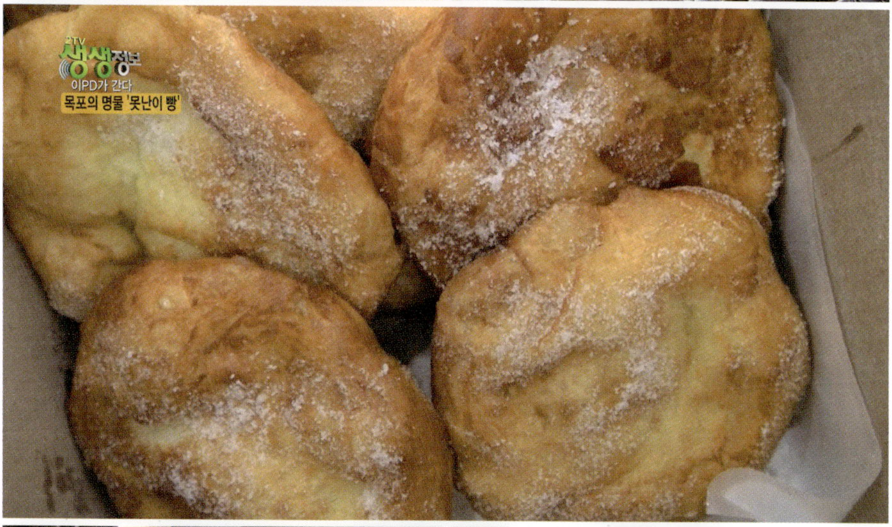

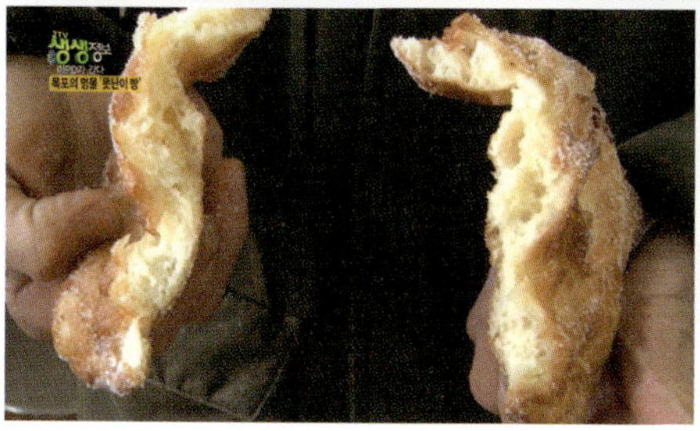

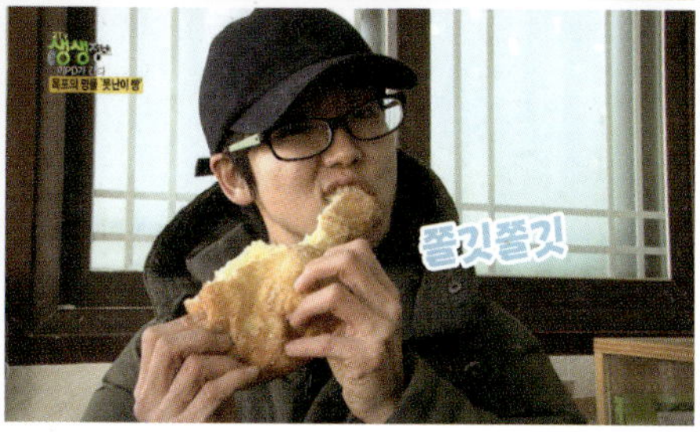

삶의 여유와 느림의 미학을 찾아 떠나는 여행

송광사   낙안돌탑공원   웃장국밥

겨울에 가면 좋아요 | 산책하기 좋아요 | 산 전망 좋아요 | 반나절이면 충분해요

남도의 멋과 맛을 느낄 수 있는 도시 전라남도 순천은 순천만국가정원으로 유명한 도시가 아닐까 싶다. 우리나라 최대의 연안습지 순천만과 순천만을 보호하기 위한 순천만국가정원은 매년 순천을 찾는 이들에게 상상 그 이상의 아름다운 풍경을 선사한다. 하지만 순천은 순천만만 보고 떠나기에는 아쉬운 곳이다. 조선 시대의 모습이 남아 있는 낙안읍성, 신라 시대에 창건된 역사의 사찰 송광사, 한국에서 가장 아름다운 절 선암사 등이 순천에 다채로움을 더한다.

| 전라도 | 경상도 | 제주도 |

송광사

양산의 불보사찰 통도사, 합천의 법보사찰 해인사와 함께 우리나라 삼보(三寶) 사찰 중 하나로 손꼽히는 승보사찰 송광사는 순천의 대표적인 여행지다. 아름다운 산자락에 자리해 대나무와 삼나무, 편백나무의 향기가 넘실대는 송광사는 자연 속에 묻혀 마음의 치유를 경험할 수 있는 곳이다. 이곳이 더욱 특별한 이유는 송광사에 들어서기 위한 능허교 아래에 있다. 크지 않은 다리 밑에는 용이 조각돼 있고 그 용의 입에 매달린 줄 끝에는 엽전이 달려 있다. 300년 전 다리를 지을 때 신도들에게 엽전을 시주받는데 다리를 짓고 나니 세 냥이 남았고 그 남은 엽전을 달아놓은 것이라고 한다. 적은 돈도 개인적으로 쓰지 않는 스님들의 청렴한 마음과 불심 가득한 신도들의 마음이 담겨 있는 엽전이다.

송광사 템플스테이

좀더 특별하게 송광사를 둘러보고 싶다면 템플스테이를 추천한다. 잠시 일상에서 벗어나 자연 속에서 자신을 되돌아 보고 힐링하는 시간을 가질 수 있다. 사전 예약은 필수다.

(홈페이지) http://www.songgwangsa.org/templestay/

(주소) 전남 순천시 송광면 송광사안길 100 (홈페이지) http://www.songgwangsa.org/ (요금) 성인 3,000원, 어린이 2,000원

용이 엽전을 물고 있어요~

낙안돌탑공원

각양각색의 돌탑이 가득한 돌탑 왕국은 광화문, 자유의 여신상 등을 돌로 표현하는 등 어마어마한 규모를 자랑한다. 이 놀라운 왕국은 한 사람의 손길로 만든 것으로 돌탑 장인 최병수 어르신이 25년 동안 쌓았다고 한다. 넓적하고 평평한 돌을 골라 설계도도 없이 머릿속 상상만으로 만든 돌탑이 무려 100여 개가 된다고 하니 전 세계를 한자리에서 보고 싶다면 돌탑 왕국을 찾아보자.

(주소) 전남 순천시 낙안면 민속마을길 1697 (요금) 1인 3,000원

숭례문 돌탑이 압권이예요!

낙안읍성민속마을

인근에 낙안 대표 관광지인 낙안읍성민속마을이 있다. 고창읍성, 해미읍성과 함께 조선시대 3대 읍성 중 하나인 낙안읍성은 조선시대 왜구의 침략을 막기 위해 방어용으로 쌓은 성이다. 성벽 안으로 100여 채의 초가집이 옹기종기 모여 있어 마치 사극 드라마의 촬영 현장을 연상케 한다. 유일하게 주민들이 거주하는 읍성으로, 입장료를 내고 둘러보는 것도 좋지만 초가집에서 숙박을 해보는 것도 좋다.

(주소) 전남 순천시 낙안면 평촌리 6-4 (요금) 성인 4,000원, 어린이 1,500원(숙박 시 무료)

| 전라도 | 경상도 | 제주도 |

웃장국밥

순천 웃장 시장의 명물은 30년 전통의 국밥 골목이다. 개운한 맛과 푸짐한 인심 덕분에 순천은 물론 전국에서 사람들이 몰려든다는데 국밥 두 그릇을 시키면 푸짐한 수육과 순대를 서비스로 주니 그 인심에 반하지 않을 수 없다. 순천의 국밥은 콩나물을 듬뿍듬뿍 넣고 돼지머리로만 육수를 내 시원하고 개운하게 끓이는 것이 특징이다. 시원한 국밥에 구수하고 쫄깃한 수육을 함께 곁들이면 엄지손가락이 절로 올라간다.

푸짐하게 나오는 수육

밤바다보다 멋진 여수를 만나다

소호동동다리 · 여수예술랜드 · 오동도 동백열차 · 여수 삼합·동백꽃빵

여름에 가면 좋아요 | 산책하기 좋아요 | 바다 전망 좋아요 | 하루 꼬박 걸려요

밥도둑의 전설 게장, 톡 쏘는 매력의 알싸한 갓김치, 유명한 음식이 많은 여수지만 무엇보다 가장 유명한 건 밤바다가 아닐까 싶다. 사랑하는 사람과 함께 걷고 싶은 아름다운 바다와 눈을 사로잡는 조명은 여수를 더욱 멋진 도시로 만들어준다. 밤바다뿐만 아니라 절벽 위의 신비로운 향일암, 바다와 어우러지는 진달래의 영취산, 섬과 육지를 연결하는 국내 최초의 해상 케이블카가 있으니 여수에 푹 빠져보자.

소호동동다리

여수 하면 야경이 가장 먼저 생각날 정도로, 여수와 야경, 여수와 밤바다는 떼려야 뗄 수 없는 조합이다. 오색찬란한 빛으로 환하게 물든 여수의 밤을 만날 수 있는 소호동동다리는 낭만이 샘솟고 그 기억은 다시 여수를 찾게 만든다. 다리라는 이름이 붙었지만, 해상 산책로에 가깝다. 바다 위에 742m 길이의 나무 데크길이 조성돼 있다. 다리를 따라 걸으면 마치 바다 위를 걷는 듯한 느낌을 느낄 수 있다. 밤이면 다리를 따라 형형색색의 조명이 켜져 낭만을 더한다. 화려하면서 잔잔한 밤바다의 풍경이 펼쳐지는 동동다리, 그리고 낭만의 도시 여수를 만나보자.

주소 전남 여수시 소호동 498-1

여수예술랜드

창밖으로 여수 앞바다를 조망할 수 있는 테마형 리조트. 대부분의 객실에서 바다 풍경을 볼 수 있어 인기가 높은데, 이 리조트가 인기 있는 이유가 또 있다. 리조트 부지 곳곳을 채우고 있는 다양한 즐길거리 때문이다. 트릭아트 뮤지엄, 짚코스터, 전망대, 카트 체험 등 다양한 액티비티가 예술랜드를 채우고 있다. 그중에서도 여수 바다를 색다르게 감상할 수 있는 손바닥 전망대(마이다스의 손)는 여수에서 볼 수 있는 독특한 구조물이다. 마치 포항 상생의 손과 비슷한 느낌이지만 힘줄과 닮은 계단을 지나면 손바닥에 오를 수 있다. 팔뚝에 금이 간 모양으로 만들어 아슬아슬한 느낌까지 만끽할 수 있다. 바다의 풍경을 손가락 사이로 보는 특별한 경험은 여수의 여행을 더 기억하게 만들어줄 것이다. 또한 더욱 짜릿하게 여수를 즐길 수 있는 공중그네가 있어 여행자의 발길을 붙잡는다. 해수면으로부터 약 100m 높이에서 즐기는 공중그네는 다도해의 풍광을 한눈에 담으며 이색적인 그네타기를 즐길 수 있다.

이국적인 풍경을 즐길 수 있어요.

(주소) 전남 여수시 돌산읍 무술목길 142-1 (운영) 09:00~17:30 (요금) 공중그네 1인 3,000원, 시설별 요금 상이

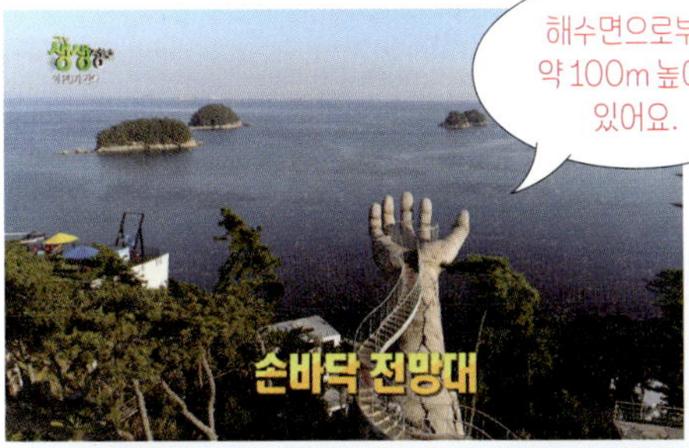
해수면으로부터
약 100m 높이에
있어요.
손바닥 전망대

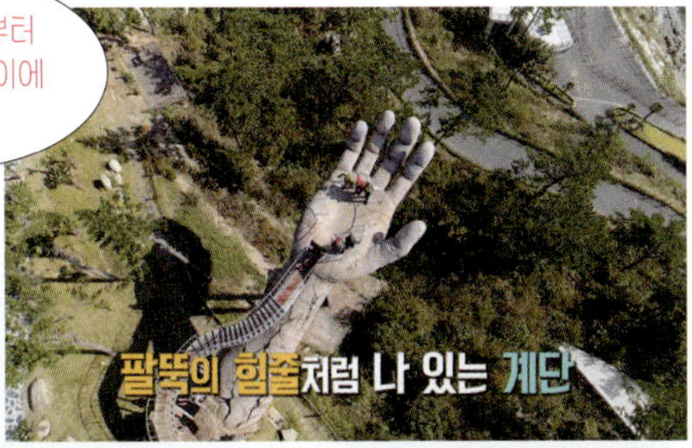
팔뚝의 힘줄처럼 나 있는 계단

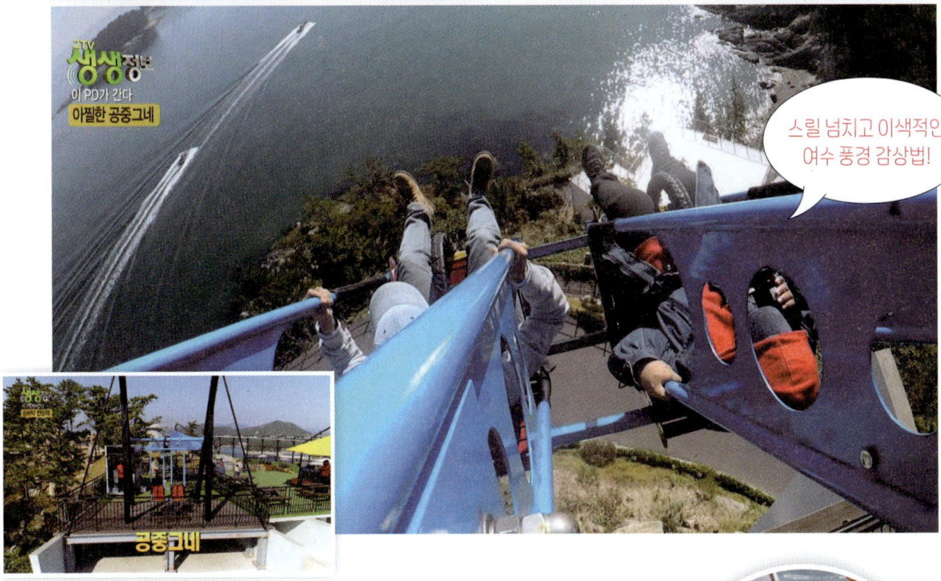
생생정보
이 PD가 간다
아찔한 공중그네
스릴 넘치고 이색적인
여수 풍경 감상법!
공중그네

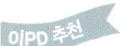

이PD 추천

여수 무료 수상 레포츠

여수는 윈드서핑, 딩기 요트, 카약, 스킨 스쿠버 다이빙 등 바다에서 즐길 수 있는 다양한 수상 레포츠 9가지를 무료로 체험할 수 있는 수상 레포츠의 천국이다. 여수 시청 홈페이지에서 원하는 종목을 미리 신청하면 장비를 대여해 주니 그야말로 빈손으로 여수를 찾아도 신나는 체험이 가능하다. 보드 위에서 중심을 잡고 바다를 만나는 패들 보드, 바닷속 세상을 만나는 스킨 스쿠버 다이빙, 바람과 바다를 만나는 윈드서핑 등으로 온몸으로 바다를 만끽해 보자.

주소 소호요트마리나, 웅천친수공원, 여수세계박람회장 **홈페이지** https://www.yeosu.go.kr/ **운영** (2022년 기준)5/25~9/21(총 4개월), 월·화요일 휴무 **체험프로그램** 딩기요트, 윈드서핑, 스쿠버 다이빙, 드래건보트 등 ※ 샤워장 및 물품보관함 이용 시 유료

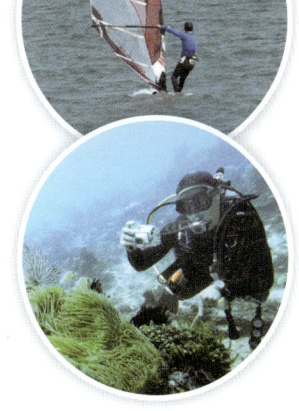

오동도 동백열차

여수 여행 1번지로 손꼽히는 섬 오동도는 한려해상국립공원에 속해 수려한 풍광을 자랑한다. 육지까지 길이 나 있어 걸어 들어갈 수도 있지만 육지와 섬을 오가는 동백열차로 들어갈 수도 있다. 청정한 남해를 달리는 동백열차는 시원한 바닷바람을 맞으며 5분여를 달려 오동도에 도착한다. 오동도는 3,000여 그루의 동백나무가 우거진 섬으로 곳곳에 전망대가 자리하고 있어 바다와 섬과 동백나무가 어우러지는 풍경을 감상할 수 있다.

이PD 추천
자가용을 가지고 왔다면 오동도 공영주차타워에 주차해 두고 가는 것이 좋다.

(주소) 전남 여수시 오동도로 242(타는 곳은 오동도 초입에 위치) (운영) 하절기 09:30~17:30, 동절기 단축 운행 (요금) (편도) 성인 1,000원, 어린이 500원

여수 삼합

목포에 홍어, 돼지고기, 묵은지의 홍어삼합이 있듯이 여수에는 돼지고기, 키조개, 김치의 여수삼합이 있다. 그리고 요즘 인기를 얻고 있는 새로운 삼합이 있으니 키조개 관자·새우·전복 등 해산물에 장어에 한우까지 들어가 육지의 보양식에 바다의 보양식이 어우러진다. 여수 삼합에 갓김치까지 올리면 고소하면서도 풍부한 바다의 향 덕분에 여수가 입안에서 펼쳐진다. 맛이 없을 수가 없는 조합의 여수삼합은 그야말로 삼합의 끝판왕이 아닐 수 없다.

동백꽃빵

여수를 대표하는 붉고 탐스러운 동백꽃을 꼭 닮은 동백꽃빵은 빵이라고 생각하지 못할 정도로 섬세한 모습을 자랑한다. 찹쌀 반죽을 다섯 번에 걸쳐 치대고 고소하고 달콤한 땅콩버터를 듬뿍 넣은 뒤 모양을 잡아 만든다. 고수만의 손기술로 만든 아름다운 동백꽃은 딸기 시럽으로 예쁜 색깔을 내 먹기 아까울 정도다. 쫀득하고 많이 달지 않아 누구나 호불호 없이 맛있게 먹을 수 있고 여수를 대표하는 선물로도 좋은 동백꽃빵을 찾아보자.

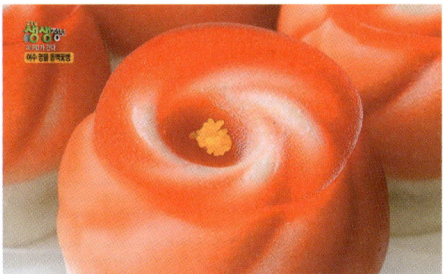

옐로 시티에서 만나는
가장 화려한 노란색

장성호 옐로 출렁다리 · 황룡강생태공원 · 황금 두부 삼합·햇오디

가을에 가면 좋아요 · 산책하기 좋아요 · 산 전망 좋아요 · 반나절이면 충분해요

물속에 누런 용이 살았다는 전설이 깃들어 있는 장성을 대표하는 강, 황룡강 덕분에 장성은 옐로 시티라고 부른다. 그래서 '노랑'의 고장 장성은 발길이 닿는 곳마다 화사한 노란색이 펼쳐진다. 다채로운 색으로 따뜻하게 맞아주는 벽화마을부터 노란 꽃이 모두 모인 꽃밭, 장성호를 가로지르는 노란 출렁다리까지 곳곳에 따뜻한 노란색이 가득하다.

장성호 옐로 출렁다리

장성호의 멋진 다리에도 '노랑'의 포인트가 있다. 첫 번째 다리는 옐로 출렁다리, 두 번째 다리는 황금빛 출렁다리다. 장성호에서 불어오는 시원한 바람과 나무가 쉼을 주는 수변길을 따라 20분 정도 걸으면 첫 번째 옐로 출렁다리에 도착한다. 내륙의 바다로 불리는 장성호의 상류를 가로지르는 길이 154m의 옐로 출렁다리는 걸을 때마다 흔들흔들해서 어지러울 수도 있지만 장성호의 풍경을 바라보다 보면 그 또한 잊게 된다. 첫 번째 출렁다리를 지나 1km 정도를 더 걸으면 황금빛 출렁다리가 나온다. 두 번째 다리는 구멍이 뚫려 있어 수면에 닿을락 말락 한 아찔한 풍경을 보여준다. 걷고 싶은 예쁜 길, 흔들흔들 설레는 길 출렁다리를 걸어보자.

주소 전남 장성군 장성읍 봉덕리

이PD 추천

장성호를 따라 도는 수변길은 2종류가 있다. 옐로 출렁다리와 스카이전망대, 황금빛 출렁다리를 둘러보는 출렁길(8.4km)과 장성호를 따라 심어진 예쁜 꽃들을 따라 걸을 수 있는 수변길(2.6km)이다.

황룡강생태공원

황룡이 살았다는 황룡강에서는 황룡은 찾을 수 없지만 사방으로 따뜻한 노란색이 가득하다. 황룡강 주변을 번쩍이는 노란색으로 물들이는 용 조형물, 그리고 해바라기, 마리골드, 국화, 코스모스까지 노란 꽃의 향연이 펼쳐진다. 10억 송이의 가을꽃이 만발해 매년 100만 명 정도가 찾을 정도로 인기 있는 노란꽃 축제가 펼쳐지니 다양한 볼거리와 함께 자연 속 힐링의 시간을 가져보자.

 전남 장성군 장성읍 기산리 57-14

이PD 추천
생태공원에는 다양한 꽃들이 심어져 있어 계절별로 다채로운 꽃들을 감상할 수 있다.

해바라기

마리골드

국화

황화 코스모스

백일홍

황금 두부 삼합

장성의 특별한 맛, 장성의 노랑이 담긴 맛 황금 두부는 노랗게 빛나는 고소한 두부 요리다. 콩물을 내 가마솥의 약한 불에 뭉근하게 끓인 뒤 살짝 굳기 시작할 때쯤 강황 가루를 넣는다. 잘 구운 황금 두부에 고기, 김치를 곁들여 황금 두부 삼합을 만들면 전혀 텁텁한 맛이 없고 부들부들하면서 달콤한 맛이 입안을 감싼다.

햇오디

6월 딱 한 달만 수확한다는 오디는 기온이 오르면 물러져 맛볼 수 없기에 더 특별하고 더 건강하다. 빨갛던 오디 열매가 검붉은색으로 변하면 완전히 익어 다디단 맛을 내뿜는데 안토시아닌 성분이 풍부해 항산화 작용을 한다. 자연이 빚은 보약이라 불릴 정도로 건강한 과일 오디로 더운 여름을 이겨내보자.

땅끝마을을 화려하게 수놓은 꽃의 향연

포레스트 수목원 · 도솔암 · 해남 고구마·배추

여름에 가면 좋아요 | 트레킹하기 좋아요 | 산 전망 좋아요 | 반나절이면 충분해요

찬바람이 싸늘하게 느껴지는 겨울이 오면 따뜻한 남쪽으로 떠나고 싶다. 한반도의 땅끝마을 전라남도 해남은 여행을 시작하기에도, 여행을 마무리하기에도 좋은 곳이다. 태고의 역사를 만나는 달마고도, 마치 신선의 땅인 듯한 달마산의 도솔암, 명량대첩의 역사를 남긴 명량해협, 한반도 최남단의 랜드마크인 땅끝탑 등 저 멀리 미지의 세계를 꿈꾸게 만드는 아름다운 곳이다. 땅끝마을 해남에서 새로운 꿈을 만들어보자.

| 전라도 | 경상도 | 제주도 |

대표여행지
포레스트 수목원

약 6만 평 규모의 부지에 1,600여 종의 식물이 서식하는 땅끝의 수목원은 여름과 가을에 인생 사진을 찍을 수 있는 명소로 유명하다. 2m가 훌쩍 넘는 키의 팜파스그라스가 가을에도 줄기가 파릇파릇해 색다른 가을을 보여준다. 또한 분홍 물결이 일렁이는 핑크뮬리까지 몽환적인 분위기를 자아내 아름다운 사진 한 장을 남기고 싶다. 여름이면 사랑스러운 수국이 꽃망울을 터트리니 수목원을 훨씬 다채롭게 만들어준다.

이PD 추천
매년 여름(6월~7월)이면 수목원에서는 수국 축제가 열린다. 국내 최대 규모를 자랑한다.

(주소) 전남 해남군 현산면 황산리 산1-33 (운영) 08:00~19:00(동절기 ~17:00)
(홈페이지) http://www.4est수목원.com/ (요금) 1인 5,000원

 억새

 팜파스그라스

 핑크뮬리

기이한 형태의 암벽이 절경을 이루고 있어요~

주변여행지

도솔암

이PD 추천

도솔암으로 향하는 산길을 따라 올라가는 내내 달마산과 어우러진 남해 바다의 절경이 눈앞에 펼쳐진다.

달마산 자락에 있는 도솔봉에 자리한 도솔암은 마치 천상의 모습을 보여주는 곳이다. 주차장부터 심상치 않은 풍경이 펼쳐지는데 30여 분 정도 산을 오르면 웅장하게 솟은 기암괴석 사이사이에 해남의 다양한 풍경이 나타나며 완도에서 진도 앞바다까지 굽어볼 수 있는 아름다운 산행길이다. 도솔암에는 사람들의 간절한 염원이 담긴 돌탑, 깎아지른 듯한 절벽 위에 터를 잡은 암자가 나타난다. 통일신라시대 의상대사가 창건했다는 도솔암에 서면 마치 수묵화 같은 풍경이 발아래 내려다보인다.

주소 전남 해남군 송지면 마봉리 산87-1

도솔암에서 내려다 본 풍경

200

해남 고구마

해남 하면 땅끝마을의 달콤한 고구마가 유명하다. 거친 해풍을 맞으며 기름진 황토밭에서 자라는 해남 고구마는 긴 장마와 잦은 태풍을 이겨내며 더욱 알차고 달콤하게 익는다. 찐고구마는 물론 아이스 고구마, 고구마말랭이까지, 다양하게 변신 가능한 해남 고구마를 만나보자.

땅에서 나는 달콤한 황금 고구마

해남 배추

해남은 탱글탱글하고 아삭하고 시원한 맛이 일품인 배추가 유명하다. 밭에서 갓 수확한 배추를 반으로 잘라서 깨끗하게 씻고 손질한 뒤 천일염으로 절인다. 이렇게 절임 배추 상태로 주로 판매하며 이 유명한 해남 절임 배추에 배춧속을 넣고 참기름을 넣어 무친 뒤 푹 삶은 돼지 수육, 흑산도 홍어를 더하면 그 유명한 홍어 삼합이 완성된다. 아삭한 김치에 부드러운 돼지고기, 알싸한 홍어에 탱글탱글한 굴까지 넣어 더 고소하고 더 부드럽고 더 깊은 맛을 낸다.

파종해서 90일 만에 수확하는 90일 배추

천하제일의 비경을 찾아서

화순적벽관광지문화유적 — 백아산 하늘다리 — 뽕잎 누룩빵

가을에 가면 좋아요 · 트레킹하기 좋아요 · 산 전망 좋아요 · 하루 꼬박 걸려요

전라남도 화순은 수려한 풍광을 자랑하는 적벽의 성지다. 중국의 적벽 못지않은 천혜의 적벽이 이국적인 풍경을 자아내며 물염적벽, 창랑적벽, 장항적벽, 보산적벽을 통칭해 화순적벽이라 부르는데 물염적벽과 창랑적벽은 언제든 볼 수 있지만 장항적벽과 보산적벽은 버스 투어로만 관람이 가능하다. 방랑시인 김삿갓도 그 아름다움에 반했다는 화순의 적벽을 바라보며 한 줄의 시를 노래해 보자.

화순적벽관광지문화유적

대표여행지

화순읍에서 40분 남짓 달려 출입이 통제된 적벽으로 가는 길목으로 들어가 다시 산길을 20여 분 달리면 쉽게 찾을 수 없는 화순의 숨은 적벽에 도착한다. 바로 장항적벽과 보산적벽으로 화순 적벽의 대명사로 불리는 장항적벽은 오묘하면서 불그스름한 색깔이 푸른 산, 파란 물빛과 어우러져 천혜의 비경을 선사한다. 장항적벽을 보기 위한 최고의 전망대는 보산적벽으로, 망향정을 품고 있는 보산적벽은 규모는 작지만 모양은 그 어느 적벽보다 신비롭다. 장항적벽과 보산적벽은 상수원보호구역이라 인터넷으로 미리 적벽투어를 신청해야 하기 때문에 조금 번거로울 수 있지만 적벽의 경관을 보면 그 수고로움조차 아쉽지 않다. 투어는 3시간 정도 소요된다.

주소 전남 화순군 이서면 월산리 산25-3 **홈페이지** https://tour.hwasun.go.kr/ **운영** (2022년) 6/29~11/27 수·토·일요일 09:30·14:00(1일 2회), 3시간 소요(온라인 예약 필수) **요금** 1인 1만 원

이PD 추천
적벽투어 코스

이용대체육관 앞(버스 탑승) → 1전망대(거북섬) → 2전망대(보산·노루목적벽) → 화순적벽(망향정, 망미정) → 이용대체육관 앞

백아산 하늘다리

전국 곳곳에 출렁다리와 하늘다리가 있지만 백아산 산꼭대기에 아찔하게 자리한 하늘다리는 많은 사람의 도전의식을 불태울 것이다. 2시간여의 고된 산행 끝에 백아산 마당바위에 도착하면 총 길이 66m, 해발 756m에 위치한 백아산의 랜드마크 하늘다리가 나타난다. 화순의 북면 이천리와 노치리를 잇는 하늘다리는 바람이 부는 대로 흔들려 마치 하늘 위를 걷는 듯하다. 멀리 화순의 전경을 한눈에 담을 수 있는 멋진 풍경이 펼쳐지며 발아래 푸른 숲 또한 짙푸른 그림 같다. 한 걸음, 한 걸음을 떼기가 어렵지만 풍경에 눈을 돌리면 어느새 다리를 다 건너게 된다.

이PD 추천
인근에 관광목장, 썰매장, 자연휴양림이 있다. 다양한 즐길거리를 원한다면 함께 방문해도 좋다.

주소) 전남 화순군 백아면 용곡리

해발 756m의 다리가 흔들리니 오싹함이 배로!

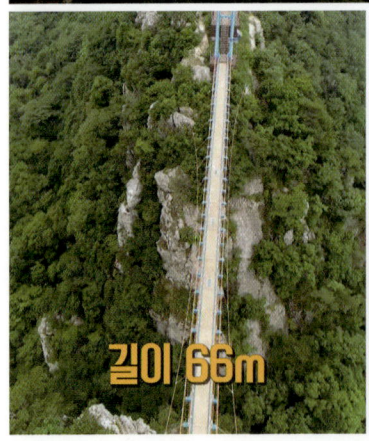

전라도　　　　　경상도　　　　　제주도

📍주천먹거리

뽕잎 누룩빵

화순의 조용하고 한적한 야사마을이 뽕잎 누룩빵 덕분에 몰려드는 사람으로 북새통을 이루고 있다. 막걸리를 빚을 때 쓰는 누룩을 발효시킨 누룩빵은 누룩까지 직접 만들어 깊은 맛을 품고 있다. 당이 풍부한 사과를 갈아 누룩을 하루 동안 발효시키고 밀가루와 치댄 뒤 이틀을 숙성시킨 다음 화순의 뽕잎 가루를 살짝 묻혀 구우면 고소한 누룩빵이 완성된다. 겉은 바삭하고 속은 촉촉하고 은은하고 구수한 향이 물씬 풍기는 누룩빵은 한자리에서 몇 개나 먹을 수 있을 정도로 담백하고 깊은 맛을 낸다.

밤하늘을 아름답게 수놓는 반딧불을 찾아서

운곡 람사르 습지 · 반딧불 야행 · 풍천 장어

- 여름에 가면 좋아요
- 아이와 함께 가기 좋아요
- 산 전망 좋아요
- 하루 꼬박 걸려요

전라북도 고창은 울창한 숲과 람사르 습지가 있어 여름 여행을 떠나고 싶은 곳이다. 마치 영화 속 정글 같은, 수천 년의 시간이 담긴 원시림이 잘 보존돼 있어 숲과 자연을 만나고 우리와 함께 지구를 살아가는 동식물을 만날 수 있는 곳이다. 때 묻지 않은 숲과 이제는 사라진 줄 알았던 별빛 같은 반딧불이를 찾아 잊어버렸던 시간을 발견해 보자.

습지에는 멸종위기 야생 동식물들이 서식하고 있어요~

수달열차

용계리 주차장에서 운곡서원까지 열차를 타고 운곡저수지를 둘러본 뒤 운곡 람사르 습지까지 갈 수 있는 열차다. 15분 정도 소요된다.

(운영) 하절기 10:00~18:00, 동절기 10:00~17:00
(요금) (편도) 2,000원

운곡 람사르 습지

때 묻지 않은 원시의 자연을 만날 수 있는, 우리나라의 대표 산지형 습지 고창 운곡 습지에는 800여 종의 동식물이 함께 살아가고 있다. 사람의 발길이 드물어 밀림과 같이 펼쳐진 울창한 숲은 1,797㎢에 달할 정도로 온종일 걸어도 다 둘러볼 수 없을 정도다. 하지만 수달 열차를 타면 습지를 한 바퀴 신나게 돌아볼 수 있다. 람사르 습지는 다양한 형태의 습지가 있어 생물 다양성을 가지고 있는 습지로 고창의 운곡 람사르 습지는 2011년 람사르 습지로 등록됐다. 차창 밖으로 마치 정글 같은 원시의 비경이 펼쳐지니 그 푸른 풍경에 눈을 뗄 수가 없다.

(주소) 전북 고창군 아산면 운곡서원길 36 (홈페이지) http://www.ungokmall.com/

수달열차 타고 출발!

반딧불 야행

천연기념물로 지정된 수달, 멸종위기 야생동물 2급으로 지정된 삵, 주로 밤에 활동하는 너구리 등 다양한 동식물이 살고 있는 운곡 람사르 습지에는 6월이면 더욱 특별한 풍경이 펼쳐진다. 이제는 사라진 줄 알았던 반딧불로 고창군의 허파 역할을 하는 청정 지역이라 가능하다. 6월 중에서도 하루 1시간 남짓, 어둠을 뚫고 습지 야행에 나서면 여름밤을 수놓는 별빛인 듯 화려한 빛을 내는 반딧불이 나타난다. 여름의 낭만이 가득한 습지 여행에서만 만날 수 있는 특별함이 아닐까 싶다. 반딧불 야행 외에도 운곡 람사르 습지에는 습지생태투어, 생태공원 노르딕워킹 등 다양한 프로그램이 있다.

운영 운곡람사르습지 홈페이지 확인 홈페이지 http://www.ungokmall.com/

| 전라도 | 경상도 | 제주도 |

풍천 장어

고창의 인천강이 곰소 바다로 흐르드는 곳, 강과 바다가 만나는 길목을 풍천이라고 하는데, 이곳에서는 예전부터 장어가 많이 잡혀 풍천 장어 하면 누구나 알 정도로 유명했다. 힘 좋은 장어를 잡아 노릇하게 굽고 천일염을 솔솔 뿌리고 매콤한 양념장을 여러 번 바르면 장어 속까지 장이 배 기름기가 적어 담백한 장어를 제대로 맛볼 수 있다. 장어 뼈를 우린 물로 장어를 푹 삶고 다시 곱게 갈아서 우거지, 된장, 육수를 넣고 끓인 장어탕 또한 별미다. 구수하고 칼칼해서 쌀밥 한 공기가 모자랄 정도. 갖가지 채소를 올리고 간장 양념으로 구운 장어를 올린 장어 덮밥은 든든하고 맛있어서 누구나 호불호가 없다.

언제 가도 좋은, 언제 봐도 좋은
청정 자연 여행

대둔산 — 구름다리·삼선계단 — 진안 꽃잔디동산 — 구봉산 구름다리 — 용담호 — 쏘가리·민물새우 — 진안 인삼

가을에 가면 좋아요 / 드라이브하기 좋아요 / 산 전망 좋아요 / 1박하기 좋아요

완주는 평야와 산이 두루 분포해 있어 살기 좋고 농사 짓기 좋은 곳으로 알려져 있다. 이뿐만 아니라 작은 대둔산 도립공원을 비롯해 비비정, 대아호 등 산과 호수를 다양하게 만날 수 있어 여행자들의 발길이 끊이지 않는다. 호남의 지붕이라 불릴 정도로 고원에 위치한 진안은 공기 좋고 물이 맑기로 유명하다. 흔히 진안 하면 떠올리는 마이산은 신비로운 돌탑을 보기 위해 많은 사람이 찾는다. 또한 완주와 진안은 여느 전라도의 도시들 못지않게 맛있는 음식이 있어 여행지로도 손색이 없다. 전라도의 대표적인 청정 자연 여행지, 완주·진안으로 떠나보자.

| 전라도 | 경상도 | 제주도 |

대둔산

대표여행지

완주

웅장하고 스릴 넘치는 명산 대둔산은 해발 878m의 높이지만 케이블카가 설치돼 있어 5분이면 대둔산의 반을 올라갈 수 있다. 그 덕분에 1년 365일 관광객의 발길이 끊이질 않는다. 온 산이 울긋불긋하게 물드는 가을이면 케이블카를 타기 위해 2시간 정도를 기다려야 할 정도로 인기다. 단풍 길을 따라 올라가는 케이블카 아래로 가을의 풍경이 이어져 그 아름다운 모습 덕분에 작은 금강산이라 부르기도 한다. 사계절 모두 아름답기로 유명한 대둔산에서 신비로운 대자연을 만나보자.

(주소) [대둔산 도립공원] 전북 완주군 운주면 산북리 산15-24, [대둔산 케이블카] 전북 완주군 운주면 대둔산공원길 55 (홈페이지) http://daedunsancablecar.com/ (대둔산 케이블카) (운영) [케이블카] 평일 09:00~18:00, 주말 09:00~18:00(매표 마감 종료 20분 전), 5분 소요 (요금) (케이블카 왕복) 성인 1만4,000원, 어린이 1만1,000원

이PD 추천

대둔산은 높이가 높지 않지만, 정상으로 향할수록 경사가 꽤 가파른 오르막길이 나오기 때문에 등산 난이도가 조금 높은 편이다. 어린이나 노인이 있는 여행자라면 케이블카를 이용해 올라가자.

| 완주 | **대둔산 구름다리·삼선계단** |

케이블카에서 내리면 본격적인 등산이 시작된다. 첫 번째 전망 포인트는 높이 80m, 길이 50m에 달하는 구름다리로 아찔하고 짜릿하게 대둔산을 내려다볼 수 있는 명소다. 두 번째 전망 포인트는 삼선바위로 향하는 127계단으로 아슬아슬하게 외줄을 타듯 가파르다. 등산객 절반 정도는 포기할 정도로 겁이 나지만 계단 끝에는 용기 있는 자만이 만끽할 수 있는 황홀한 비경이 펼쳐진다. 붉은색의 구름다리와 삼선계단 모두 인상적이며 그 붉은색과 어우러지는 대둔산의 웅장한 자태와 가을의 절경을 함께 만날 수 있다.

 대둔산 구름다리는 1975년에 건설된 국내 최초의 출렁다리(관광용 보도현수교)다.

주소 대둔산 내 위치

| 진안 | **진안 꽃잔디동산** |

5만 평에 이르는 진안 꽃잔디동산은 놀랍게도 개인이 만든 곳으로 2000년부터 산을 개간해 매년 조금씩 꽃잔디를 심어 만들었다. 현재는 분홍색의 꽃잔디와 하얀 불두화, 배롱나무, 홍단풍나무까지 형형색색의 꽃과 나무가 가득하다. 4~5월에는 분홍, 흰색, 보라색의 꽃잔디가 지면을 수놓고 9~10월이면 단풍나무가 붉은 잎을 드러낸다. 곳곳에 정자와 놀이터, 카페가 있어 가족이 함께하기에도 좋은 곳이다. 자연에서의 힐링을 찾고 있다면 꽃잔디동산을 걸어보자.

이PD 추천
꽃잔디동산 안에는 카페, 책방, 트램펄린 놀이터, 포토존 등의 즐길거리가 있어 아이가 있는 여행자들에게 좋다.

주소 전북 진안군 진안읍 전진로 3071-31 **홈페이지** http://www.mossphlox.co.kr **운영** 09:00~18:00 **요금** 성인 5,000원, 청소년 4,000원, 7세 이하 무료

구봉산 구름다리

진안

진안에서 가장 유명한 산은 마이산이지만 진안 사람들에게 가장 유명한 숨은 산은 아홉 개의 봉우리가 이어지는 구봉산이다. 그중에서도 네 번째 봉우리와 다섯 번째 봉우리를 잇는 구름다리는 그 높이만으로도 아찔하다. 해발 752m에 달하는 구봉산 4봉에 오르면 보기만 해도 발걸음을 쉽게 뗄 수 없는 아슬아슬한 구름다리가 나타난다. 조심스레 발을 내디디면 구름 위에 서 있는 듯, 주위로 보이는 뾰족한 봉우리에 눈을 뗄 수 없어 저도 모르게 발걸음이 느려진다. 가파른 산이라 체력이 필요하지만 눈앞에 펼쳐지는 지루하지 않은 풍경 덕분에 더욱 사랑받는 산이다.

주소 전북 진안군 주천면

| 전라도 | 경상도 | 제주도 |

아름다운 용담호의 모습을 담아 봅시다.

단풍과 물안개가 어우러지는 모습은 아무 때나 볼 수 없는 거죠~

주변여행지

진안   **용담호**

2001년 완성된 다목적댐, 용담댐으로 인해 생성된 인공 호수 용담호는 진안군에서 빼놓을 수 없는 관광 명소다. 용담호 주변으로는 습지의 생태를 확인할 수 있는 자연습지원, 폐품을 예술작품으로 활용한 환경조각공원, 용담댐의 역사를 담은 사진문화관 등이 조성돼 있어 호수 관람뿐 아니라 다양한 체험까지 가능하다. 특히 비가 많이 오는 날이면 용담호에 새벽녘부터 물안개가 일어난다. 물안개 사이로 수면에 비치는 풍경이 더해지면 한 폭의 수묵화처럼 아름다운 모습이 펼쳐지고 여기에 단풍이 어우러지면 더욱 환상적이다. 만추의 절경을 만나고 싶다면 용담호를 찾아보자.

쏘가리·민물새우

[진안]

전라북도 사람들의 생활용수를 책임지는 금강의 물길 용담호에는 동네 사람들의 주식인 쏘가리 또한 풍년이다. 배를 타고 가면 그물 하나에 서른 마리가 매달릴 정도로 통통하고 맛있는 민물의 제왕 쏘가리, 빠가사리라고 부르는 동자개 등이 가득하다. 흔히 매운탕으로 먹는 쏘가리를 진안에서는 회로 먹는데 육질이 탄탄하고 비리지 않고 쫀득쫀득하다. 용담호에서는 민물새우 역시 잡을 수 있는데, 민물새우에 밀가루를 살짝 무쳐 튀김 반죽을 골고루 입히고 바삭하게 튀기면 고소하고 아삭아삭한 별미가 된다. 향이 진한 민물새우는 매운탕을 끓일 때도 시원한 국물 맛을 더해준다. 매운탕을 끓일 때는 깻잎과에 속하는 자소엽을 꼭 넣어 비린 맛을 잡아준다.

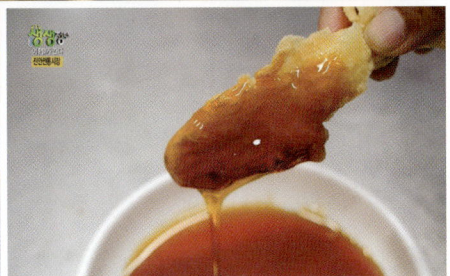

진안 인삼

인삼의 쌉싸래한 맛이 달큰한 홍삼 조청 덕분에 고소해져요!

진안에서는 고원에서 자라 알이 굵은 인삼을 통째로 튀겨 특별한 인삼튀김을 만든다. 그냥 먹어도 힘 나는 인삼을 홍삼으로 만든 홍삼 조청에 찍어 먹으니 인삼의 쌉싸래한 맛을 홍삼청이 고소하게 감싸준다. 인삼 하나가 통째로 들어가 은은한 인삼 향이 코끝을 자극하고 인삼의 깊은 맛이 혀끝을 두드린다. 더 건강하고 더 바삭하고 맛있는 특별한 인삼튀김을 찾아보자.

Special page

개성 가득, 매력 가득 신안 섬 여행

1,025개에 달하는 아름다운 섬으로 이루어진 신안은 국내 최대 규모의 갯벌과 드넓은 염전, 때 묻지 않은 자연으로 유명하다. 푸른 서해 곳곳에서 삶을 꾸려나가는 섬들은 저마다의 매력으로 여행자의 발길을 붙잡는다. 흑산도의 홍어, 증도 소금밭 전망대, 안좌도 퍼플교, 임자도 승마체험 등 원하는 여행의 성격에 따라 자신에게 딱 맞는 섬을 찾아보자.

암태도

다리가 놓이면서 자가용으로도 갈 수 있게 된 암태도는 광활한 갯벌을 품고 있는 보석 같은 섬이다. 돌이 많고 바위가 병풍처럼 섬을 둘러싸고 있어 암태도라는 이름이 붙었다고 하는데, 그 무엇보다 드넓은 갯벌이 유명하다. 청정한 자연이 살아 숨 쉬는 갯벌에서는 아장아장 걷는 칠게와 망둥이, 힘이 넘치는 낙지까지 찾을 수 있다. 막 잡은 신선한 낙지는 생으로 먹기도 하고 밀가루로 깨끗하게 손질해 호롱구이를 만들어 먹기도 한다.

비금도

암태도 선착장에서 배로 40여 분을 달리면 비금도에 도착한다. 날아가는 새를 닮아 비금도라 부르는 이 섬에서 가장 인기 있는 여행지는 해발 226m의 그림산이다. 울창한 숲과 암벽 능선이 조화를 이루며 오르막길과 내리막길이 반복돼 지루할 겨를이 없다. 아찔한 바위 능선을 오르면 비좁은 해산굴이 나타나고 굴을 지나면 정상이 나타난다. 다도해와 비금도의 풍경이 발아래 펼쳐지는 정상에 오르면 바다를 한껏 마음속에 담을 수 있다. 비금도는 소금과 시금치 또한 유명하니 그 맛 또한 경험해 보자.

임자도

우리나라에서 가장 긴 해변을 가진 임자도는 2021년부터 배를 타지 않고 임자대교를 건너면 5분 만에 섬에 들어갈 수 있다. 임자도에서 가장 유명한 여행지는 따뜻한 봄기운을 받아 고운 자태를 자랑하는 튤립 군락지로 매년 4월이면 300만 송이에 가까운 튤립의 향연이 펼쳐진다. 튤립 군락지를 보고 임자도 특산물인 대파를 듬뿍 넣은 대파전까지 맛보면 잊을 수 없는 섬 여행이 완성될 것이다.

증도

한국인이 꼭 가봐야 할 국내 관광지 100선에서 2위로 뽑힌 전라남도 신안군 증도는 아름다운 풍경 또한 유명하지만 갯벌 위에 자리한 짱뚱어 다리가 새롭게 인기를 얻고 있다. 갯벌의 못난이인 짱뚱어의 이름이 붙은 짱뚱어 다리는 하루에 두 번, 바닷물이 빠져나가는 썰물 때 다리에 올라가면 청정한 갯벌이 펼쳐져 갯벌 탐방까지 가능하다. 짱뚱어 다리 끝에는 아름다운 우전해변과 소나무 산책길이 이어져 증도의 푸른 자연을 마음껏 감상할 수 있다. 슬로 시티 신안의 정취를 그대로 느낄 수 있는 증도에서 조용하고 편안한 시간을 만끽해 보자.

경상도

1. **거제**
   봄 향기 가득한 거제의 멋과 맛

2. **거제**
   기기묘묘한 바다의 금강산을 만나다

3. **고성**
   공룡의 고장에서 만난 천혜의 자연

4. **남해**
   남해로 떠나는 봄맞이 여행

5. **남해**
   해안 도로를 달리면서 만나는 남해의 절경

6. **밀양**
   신비를 품은 땅 밀양에서 찾을 수 있는 것들

7. **사천**
   천년 고찰 백천사의 신비로움을 찾아서

8. **하동**
   섬진강 따라 휘날리는 봄꽃에 취하다

9. **양산**
   눈과 코를 사로잡는 매화의 고장

10. **창원**
    돼지를 닮은 섬, 저도

11. **통영**
    남해에 핀 연꽃, 연화도

12. **울릉도**
    동해 끝자락 환상의 섬, 울릉도

13. **포항**
    스릴 만점! 포항의 핫 플레이스를 찾아서

14. **포항**
    금강산도 부럽지 않은 12폭포의 비경

[Special Page]
대한민국 생태 복원의 대명사,
울산 태화강국가정원

15. **부산**
    더 알고 싶고, 더 찾고 싶은 부산 이색 여행

16. **부산**
    역사의 흔적을 따라 떠나는 색다른 부산 여행

17. **부산**
    푸르디푸른 부산 바다 200% 즐기기

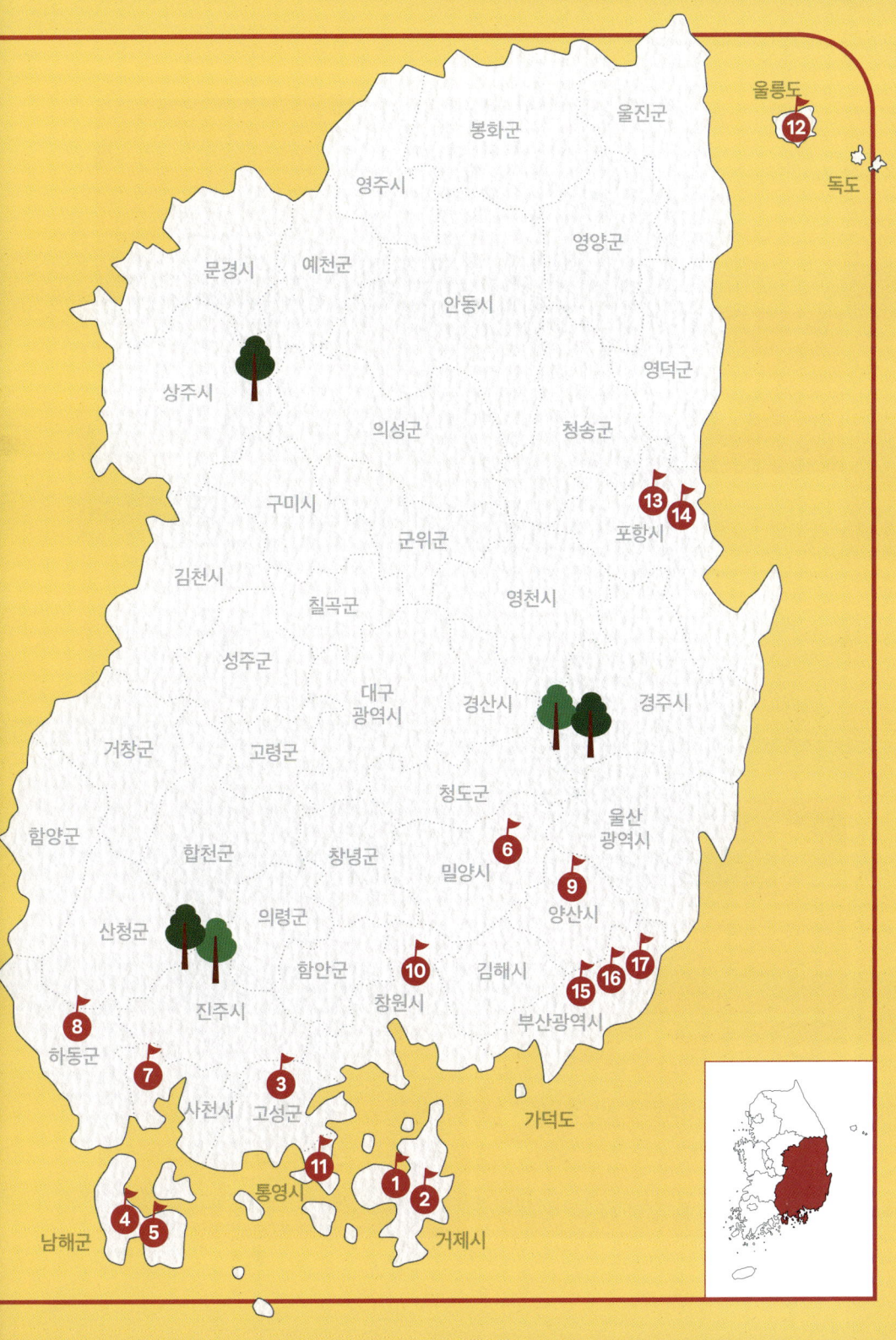

봄 향기 가득한
거제의 멋과 맛

대금산(진달래 군락지) · 거제수협 성포위판장 · 왕밤송이게

- 봄에 가면 좋아요
- 트레킹하기 좋아요
- 산 전망 좋아요
- 하루 꼬박 걸려요

남해를 바라보는 도시 거제는 눈이 시리도록 푸른 하늘과 바다가 만나 마치 지중해를 닮은 듯한 풍경을 선사하는 곳이다. 저 멀리 태평양으로 이어지는 바다는 그 끝을 가늠할 수 없을 정도로 광대해 가슴을 벅차게 한다. 거제는 곳곳에서 남해를 조망할 수 있지만, 대금산은 부산, 마산, 진해에 멀리 대마도까지 보이는 최고의 전망대다. 사시사철 여유로운 곳 거제에서 바다에 흠뻑 빠져보자.

정상 바로 밑에 5,000여 평의 진달래 자생 군락지가 펼쳐져 있어요!

대금산(진달래 군락지)

거제에서 가장 먼저 봄을 배달하는 봄의 전령사는 대금산의 진달래꽃이다. 황량했던 산자락이 분홍빛으로 곱게 물들면 화사한 봄이 왔음을 모두가 알게 된다. 대금산은 오르는 길이 완만한 편이라 어린이들도 가볍게 오를 수 있다. 특히 봄이면 완만한 능선을 따라 온통 진분홍색으로 물들어 올라온 수고가 하나도 아깝지 않을 정도다. 정상에 오르면 수려한 다도해의 시원한 풍광이 눈앞에, 초록빛 치마를 두르고 분홍 저고리를 입은 대금산이 발아래로 펼쳐진다. 맑은 날에는 대마도까지 볼 수 있을 정도라 하니 진정한 남해를 보고 싶다면 대금산에 올라야 한다. 매년 4월 산신제례, 진달래 화전 등을 경험할 수 있는 진달래 축제가 열리니 일정을 맞춰 찾아가 보자.

주소 경남 거제시 연초면 명동리

이PD 추천

대금산 진달래길

- 트레킹 코스

코스 : 명상마을 입구→헬기장 삼거리→율천임도 삼거리→대금산 정상→헬기장 삼거리→외포마을(임도) 삼거리

총 길이 : 6.6km

소요 시간 : 4시간 40분

- 등산 코스

코스 : 외포 임도삼거리→시루봉→대금산 정상→진달래 군락지→율천고개(주차장)

총 길이 : 3.8km

소요 시간 : 2시간 40분

바다랑 진달래 군락이 예술이에요

주변여행지

거제수협 성포위판장

싱싱한 해산물이 모이는 거제 성포항의 위판장에서 따뜻한 봄바람에 살이 오른 제철 해산물을 만날 수 있다. 바다에서 갓 잡은 해산물은 싱싱하고 신선해 그야말로 바다의 냄새가 물씬 풍긴다. 향기로운 쑥과 잘 어울리는 큼직한 봄 도다리, 싱싱하고 힘이 센 바다의 제왕 문어, 토실토실하고 큼지막한 해삼, 그리고 높은 몸값을 자랑하는 봄 바다의 진객 왕밤송이게 등이 있다. 구경만 해도 재밌지만 바다의 맛 또한 경험해 보자.

주소 경남 거제시 사등면 성포로3길 33

이PD 추천

매일 오후 2시면 도다리, 문어, 대구, 어패류 등 다양한 수산물 경매가 열린다. 생생한 경매 현장을 보고 싶다면 시간에 맞춰 방문해 보자. 매월 첫째 주, 셋째 주 일요일 휴무.

왕밤송이게

동해의 겨울에는 대게가, 서해의 가을에는 꽃게가, 그리고 남해의 봄에는 왕밤송이게가 있다. 털게의 일종인 왕밤송이게는 손에 쥐었을 때 다리를 웅크린 모습이 큼지막한 밤송이를 닮아 왕밤송이게라 이름이 붙었다. 1년에 딱 한철, 50여 일만 잡히는 왕밤송이게는 수온이 따뜻해지는 6월이면 모래밭 속으로 들어가 여름잠을 잔다. 어획량도 많지 않아 가격이 비쌀 수밖에 없다 하니 그 맛이 더욱 궁금하다. 왕밤송이게는 쪄서 먹는 것이 정석. 먼저 게딱지를 열어 고소한 내장을 한입에 먹고 살을 골라 먹으면 고소하고 깊은 맛이 목으로 넘어가는 게 아쉬울 정도다. 그야말로 거제의 봄을 먹는 기분을 느낄 수 있을 것이다.

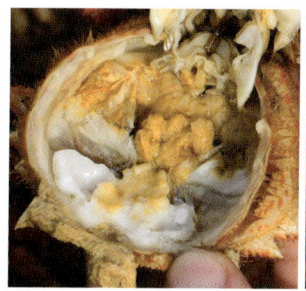  

기기묘묘한 바다의
금강산을 만나다

해금강 신선대 계룡산 거제식물원 홍가리비·숭어

여름에 가면 좋아요 / 아이와 함께 가기 좋아요 / 바다 전망 좋아요 / 1박 하기 좋아요

금강산은 우리에게 항상 아련한 곳이다. 남북 평화의 상징이자 아픈 시간이 담긴 곳이자 이제는 갈 수 없는 곳이다. 한반도에서 금강산과 가장 먼 곳, 다도해의 낭만이 살아 숨 쉬는 경삼남도 거제에 바다의 금강산이 있다. 기암괴석이 줄을 서 있는 모습은 바다와 어우러져 더욱 아름답기에 유람선으로 그 주변을 돌며 좀 더 가까이 보고자 하는 이들도 많다. 따뜻한 봄이 가장 먼저 찾아오는 남녘의 땅에서 바다 금강산을 만나보자.

해금강

우리나라 명승 제2호이자 바다의 금강산 해금강은 한려해상의 보석이자 거제의 자랑이다. 갈기가 긴 사자가 건너편을 바라보는 듯한 사자바위는 다채로운 상상을 불러일으키고 동굴 안에서 바라보는 하늘이 십자 모양과 비슷한 십자동굴은 들어가기조차 쉽지 않은 만큼 오묘한 풍경을 보여준다. 해금강을 감상하기 위해서는 제트 보트도 좋은 선택이다. 거센 파도에 몸을 싣고 바다를 질주하다 보면 해금강 십자동굴로 향한다. 가파른 절벽 사이로 난 비좁은 바닷길을 따라 들어가면 물길이 열십자로 갈라진 동굴이 나타나며 눈앞에 펼쳐진 웅장한 바위와 남해의 푸른 물결 속에서 바다를 한껏 느낄 수 있다.

해금강을 둘러보는 제트 보트는 거제 대표 여행지인 바람의 언덕 인근에 선착장이 있다.

신선대

마치 신선이 내려와 놀던 곳 같다 하여 신선대라 이름 붙은 이곳은 오랜 세월 동안 바람과 파도가 조각한 천혜의 비경이다. 신선대의 하이라이트는 우뚝 솟은 소원바위로, 절벽으로 이어진 해안길을 따라가다 보면 마치 갓을 닮은 듯한 소원바위를 만날 수 있다. 이곳에서 기도를 하면 장원급제를 한다는 전설이 있어 갓바위 또는 소원바위라 부른다. 소원바위에서 소원을 빌고 난 뒤에는 절벽을 노랗게 물든 꽃밭을 찾아보자. 여름이 시작되는 문턱이면 금계국이 활짝 피어나 산을 물들이는데 금계국은 코스모스를 닮아 여름 코스모스라고도 불린다. 그야말로 신선이 머물렀을 것 같은 고아한 풍경을 자아낸다.

주소 경남 거제시 남부면 갈곶리 산21-23

계룡산

거제도 중심에는 높이 566m의 계룡산이 우뚝 솟아 있다. 정상에는 신라시대 의상대사가 절을 지었다는 의상대와 장군바위, 거북바위 등이 모여 있어 등산을 하기에도 좋고 모노레일로 산을 오를 수도 있다. 계룡산 모노레일을 타고 계룡산을 오르면 봄꽃이 손짓하는 산길을 지나 편안하게 정상에 오를 수 있다. 정상에서는 아름다운 다도해의 비경이 눈앞에 펼쳐지니 거제가 조금 더 가까워진다.

주소 경남 거제시 거제면 옥산리

이PD 추천

거제관광모노레일

거제 포로수용소유적공원 평화파크에서 탑승해 계룡산 정상으로 향한다. 왕복 50분 소요.

주소 하절기(3월~10월) 09:00~17:00, 동절기(11월~2월) 09:00~16:00 요금 성인 1만2000원, 어린이 8,000원

거제식물원

날씨와 상관없이 여행을 즐길 수 있고, 한겨울에도 파릇파릇한 식물을 볼 수 있는 곳, 바로 거제식물원이다. 삭막한 바깥세상과 달리 온통 초록빛으로 물든 거제식물원은 마치 열대우림에 들어선 듯 야자수가 무성하다. 식물원에 있다고 믿기지 않을 정도로 웅장한 물줄기가 흐르는 폭포까지 있어 실내 식물원이 아닌 작은 정글 속으로 들어온 듯하다. 이국적인 풍경과 즐거운 체험이 가능한 특별한 식물원을 찾아보자.

이PD 추천

식물원 옆으로 초대형 미끄럼틀이 있다. 높이 14m, 길이 50m로 스릴은 물론 재미까지 경험할 수 있다.

(주소) 경남 거제시 거제면 거제남서로 359
(홈페이지) https://www.geoje.go.kr/ (운영) 하절기(3월~10월) 09:30~18:00(17:00 입장 마감), 동절기(11월~2월) 09:30~17:00(16:00 입장 마감), 월요일 휴관 (요금) 성인 5,000원, 청소년 4,000원, 어린이(7세 이상 12세 미만) 3,000원

홍가리비

봄이 되면 바다를 붉게 물들이는 거제 바다의 봄꽃 홍가리비는 청정한 거제 바다에서 양식으로 키우고 있다. 채롱에서 꺼낸 싱싱한 홍가리비를 깨끗이 씻고 다른 재료는 필요 없이 물만 살짝 넣고 20분 정도 찐다. 짭조름한 맛보다는 단맛이 진하다. 삶은 홍가리비를 양파와 함께 노릇노릇하게 볶고 우유, 버터, 생크림, 스파게티를 넣고 파스타를 만들면 더욱 별미다. 아삭한 미나리와 함께 무치면 더 새콤하게 먹을 수 있다. 한식, 양식 등 다양한 요리로 변신하는 홍가리비로 푸짐한 한 상을 준비해 보자.

숭어

거제에서는 숭어를 전통 방식으로 잡는다. 바로 산에서 잡는 것이다. 물고기를 산에서 잡다니? 망망대해를 향해 그물을 쳐놓고 산속 망루에서 숭어 떼를 발견해 신호를 보내면 미리 쳐놓았던 커다란 그물을 배로 끌어 올린다. 이를 육소장망이라 부른다. 물고기 중에서도 그 맛이 뛰어나 빼어날 수(秀)를 붙여 수어라고도 부르는 숭어는 회, 구이, 지짐으로 다양하게 즐긴다. 3월에서 5월 사이에 잡은 숭어는 지방이 가득 차올라 육질이 탱글탱글하고 쫀득쫀득해서 회로 먹는 것을 추천한다. 거제에서는 색다르게 초장이 아닌 된장에 찍어 먹으면 부드럽고 고소해 더 특별하다. 거제 숭어에 봄나물, 쌀가루, 간장을 더해 골고루 무치고 찌면 걸쭉한 국물 덕분에 국 같기도 하고 찜 같기도 한 숭어국찜이 완성된다. 나물의 향기가 더해진 구수한 숭어국찜은 거제 사람들이 인생의 허기가 질 때면 생각난다고 하는 추억의 음식이기도 하다.

이PD 추천

거제 전통 숭어 잡이 방식

공룡의 고장에서 만난 천혜의 자연

상족암군립공원 · 구절산 폭포암 · 갯장어

여름에 가면 좋아요 | 아이와 함께 가기 좋아요 | 바다 전망 좋아요 | 하루 꼬박 걸려요

통영과 맞닿은 남해의 고성군 하면 아마 공룡을 가장 먼저 떠올릴 것이다. 국내 최초로 공룡 발자국이 발견됐고 거의 모든 고성 지역에서 5,000여 점의 공룡 발자국 화석이 발견되고 있다. 그래서 고성에는 국내 최초의 공룡박물관이 있어 어린 아이들과 가족들에게 사랑받는 관광지로 변모하고 있다. 공룡의 도시 고성은 어떤 모습을 가지고 있을까?

상족암군립공원(고성 바다 해상 관광)

대표여행지

상족암은 고성에서 가장 유명한 여행지일지도 모른다. 보통은 육지를 통해 걸어 들어가는데 색다른 해상 관광이 있어 상쾌한 바닷바람을 맞으며 남해를 질주하고 힐링할 수 있다. 배를 타고 웅장한 주상절리가 펼쳐지는 병풍바위에 다다르면 푸른 바다와 어우러지는 그림 같은 풍광이 펼쳐진다. 전망대에서 볼 수도 있지만 해상에서 바위와 바다를 동시에 볼 수 있어 눈이 더욱 시원하다. 커다란 밥상 모양을 하고 있다는 상족암은 밥상 상(床)에 다리 족(足)자를 쓰는데 바다에서 보면 그 모습을 제대로 볼 수 있다.

주소 경남 고성군 하이면 덕명5길 42-23

이PD 추천
공원의 규모가 커서 볼거리가 많다. 소개한 명소 외에도 촛대바위, 공룡박물관, 해식동굴 등 다양한 볼거리를 두루 둘러보면 좋다. 인기 포토존인 해식동굴은 물 때에 따라 들어가지 못할 수도 있다.

상족암

자연이 만든 바위 조각 전시장!

원래 전망대 위에서 보는 곳인데

병풍바위

지금은 바다 위에 떠서 구경하네요

구절산 폭포암

평소에는 물이 없지만 비가 많이 오면 어마어마한 폭포가 생긴다는 고성 폭포암은 산속 깊은 곳, 깎아지른 듯한 절벽 위에 세워진 사찰이다. 절의 입구부터 시작되는 108계단을 오르다 보면 어느새 폭포 소리가 들리는데 무려 17m나 되는 폭포가 장관을 이룬다. 지형이 용의 머리처럼 생겼다고 해서 용두폭포(구절폭포)라 부르며, 폭포를 지키는 거대한 암석은 용의 머리를 닮았다 하여 용두라고 부른다. 용의 머리가 있으면 꼬리도 있는 법, 사찰 마당 한가운데 자리한 바위가 용의 꼬리라는 전설이 담긴 흔들바위다. 열 명이 밀든 스무 명이 밀든 움직이지 않지만 진심을 다해 소원을 빌면 이루어준다고 하니 소중한 소원을 전해보자.

 이PD 추천

용두폭포처럼 평소엔 말라 있다가 비가 오면 생기는 대표적인 폭포로 제주도의 엉또폭포와 천제연 제1폭포가 있다.

주소 경남 고성군 동해면 외곡1길 535

갯장어

전라도 지역에서 여름 보양식으로 민어를 찾는다면 고성에서는 갯장어를 가장 좋은 여름 보양식으로 생각한다. 사나운 성질에 힘이 넘치는 갯장어는 뾰족한 이빨이 특징이라 잡을 때도 요리를 할 때도 주의가 필요하다. 몸 전체가 잔가시로 뒤덮여 있어 회로 손질할 때는 아주 잘게 썰어야 한다. 고성에서는 상추나 깻잎 대신 독특하게 양파에 갯장어를 싸 먹는데 더 시원하고 고소하면서 매콤하다. 갯장어에 촘촘하게 칼집을 내서 샤부샤부를 만들면 살은 부드럽고 껍질은 야들야들해서 마치 눈송이처럼 사라지는 별미를 맛볼 수 있다.

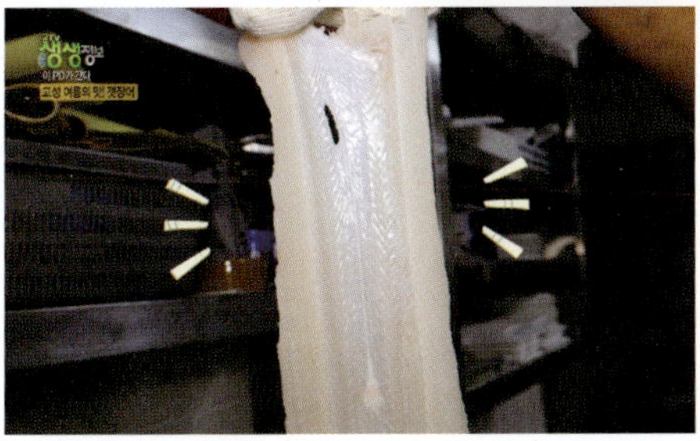

남해로 떠나는 봄맞이 여행

남해 벚꽃길 남해 양떼목장 망운산 패러글라이딩 시금치

봄에 가면 좋아요 드라이브하기 좋아요 바다 전망 좋아요 하루 꼬박 걸려요

전라도와 경상도 사이에 자리한 경상남도 남해군은 두 개의 다리로 내륙과 연결돼 있는 한려수도의 도시다. 아름다운 바다와 따뜻한 날씨 덕분에 사계절 사랑받는 관광지이기도 하다. 느긋하게 바다를 즐기는 것도 좋고 해안 도로를 따라 바람을 느끼는 것도 좋고 바닷바람이 만든 맛있는 음식을 경험할 수 있는 행복한 곳이다. 벚꽃이 흩날리는 날에 남해를 찾아보자.

해안 도로를 따라 길게 늘어선 벚꽃 군락지!

노량-왕지 벚꽃길

남해 벚꽃길

남해로 가는 관문 남해대교를 지나 건너편 해안 도로에 이르면 흐드러지게 핀 벚꽃이 해안선을 따라 장관을 이룬다. 살짝 불어오는 봄바람에도 마치 비처럼 벚꽃이 내리는 황홀한 풍경이 펼쳐지는 곳, 남해 노량마을에서 왕지마을까지 이어지는 벚꽃길이다. 맑고 푸른 바다를 따라 4km 정도 이어지는 벚꽃 터널은 아름다운 봄을 만끽할 수 있는 환상적인 드라이브 코스다. 벚꽃길을 따라가다 보면 나오는 양떼목장 또한 재밌는 볼거리다.

이PD 추천

벚꽃길은 남해대교를 지나 충렬사가 있는 노량 삼거리에서 시작하여 문의리까지 설천로를 따라 이어지는 약 5km 정도 되는 길이다.

주요 코스 노량 삼거리~설천면 설천로 구간

바다를 따라 이어지는 약 4km에 달하는 벚꽃 터널을 지나

분홍색 꽃비를 뿌리는 벚꽃의 향연

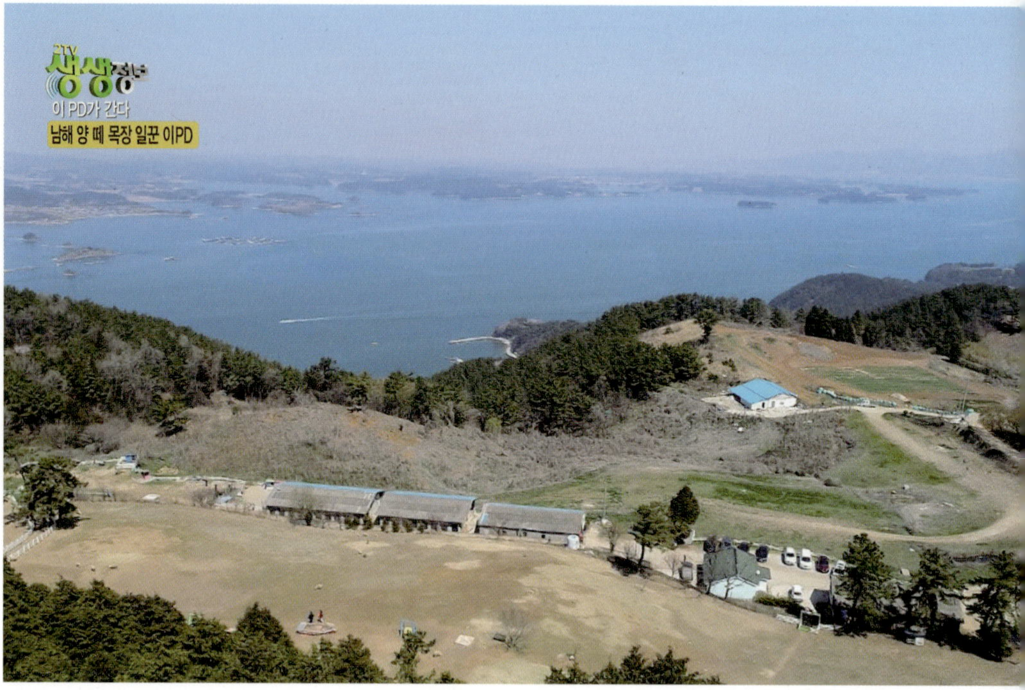

남해 양떼목장

푸른 초원을 뛰노는 하얗고 귀여운 양을 볼 수 있는 양떼목장은 남해의 풍광이 한눈에 들어오는 산 중턱에 자리하고 있다. 북슬북슬 귀여운 양이 가득해 먹이를 주거나 사진을 찍으며 여유로운 한때를 보낼 수 있다. 양떼목장은 봄에 더욱 분주하다. 날이 더워지기 전에 양털을 깎아줘야 하고 함께 살고 있는 아기 염소도 산책시켜야 한다. 수십 마리의 양을 한쪽으로 몰면서 이동시키는 똑똑한 양몰이 개도 귀여운 한 장면을 만들어낸다.

주소) 경남 남해군 설천면, 삼동면 일대

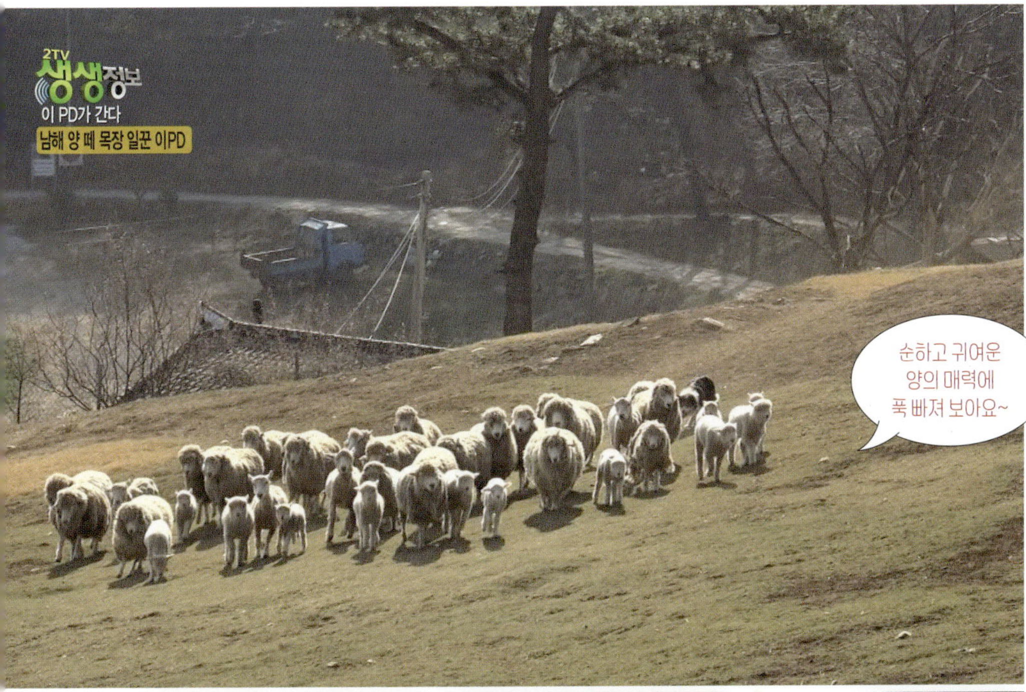
2TV
생생정보
이 PD가 간다
남해 양 떼 목장 일꾼 이PD
순하고 귀여운
양의 매력에
푹 빠져 보아요~

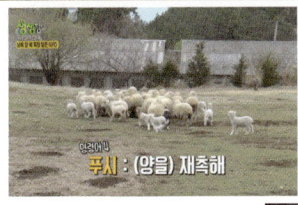

푸시 : (양을) 재촉해

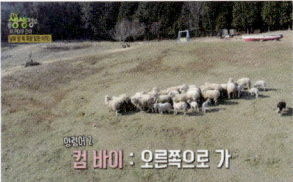

명령어 2
컴 바이 : 오른쪽으로 가

명령어 3
어웨이 : 왼쪽으로 가

새끼 염소도
만날 수 있어요~
쭉쭉 쭉쭉

이PD 추천

남해 대표 양떼목장

• 양모리학교
주소 경남 남해군 설천면 설천로775번길 256-17

• 양마르뜨언덕
주소 경남 남해군 삼동면 금암로 179-45

• 상상양떼목장
주소 경남 남해군 설천면 설천로775번길 364

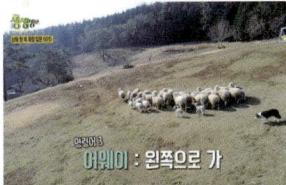

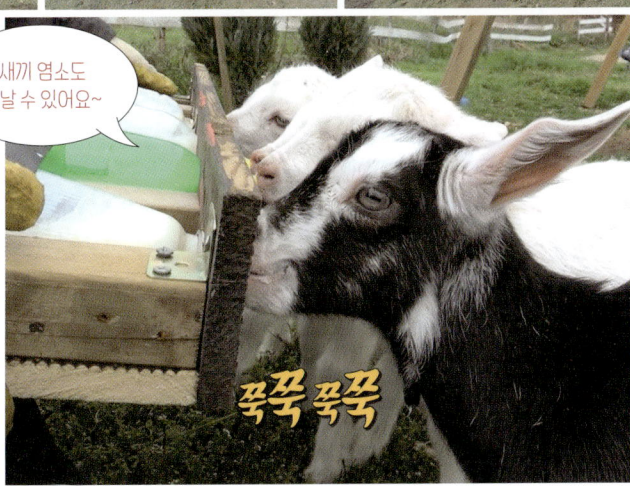

망운산 패러글라이딩

남해군 서쪽, 푸르른 산등성이를 넘어 그림 같은 바다 위에 하늘을 가로지르는 패러글라이딩! 해발 786m의 망운산은 남해에서 가장 높은 산으로 이곳에 한려수도의 풍광을 한눈에 담기 위한 패러글라이딩 이륙장이 있다. 꼼꼼하게 안전장치를 메고 서 있기만 해도 아찔한 정상에서 뛰어오르면 아름다운 남해의 절경은 물론 여수와 순천, 사천과 하동의 풍경까지 펼쳐져 특별한 경험을 할 수 있다. 남해의 비경으로 손꼽히는 다랑이논이 발아래 자리하고 눈이 시리도록 파란 물빛의 바다를 향해 가다 보면 어느새 도착점에 다다른다. 짜릿한 남해 여행을 즐기고 싶다면 망운산 패러글라이딩에 도전해 보자.

주소 경남 남해군 서면 남상리

시금치

시금치 꼬막무침

시금치 굴국

국물이 시원해요~

겨울이 되면 남해에서 찾을 수 있는 보물 시금치는 보물섬 남해군에서 자라 보물초라고도 부른다. 노지에서 해풍을 맞고 자라 단맛이 강하고 이파리가 도톰하다. 겨우내 얼었다 녹았다를 반복하며 더욱 달콤해져 빨간 뿌리 부분에 영양은 물로 단맛까지 가득 배어 있다. 남해에서는 앞바다에서 건진 꼬막과 살짝 데친 시금치에 초장을 넣고 무쳐 시금치 꼬막무침을 만들거나 굴을 함께 넣어 시금칫국을 만들기도 한다. 달콤하면서도 건강한 시금치와 바다의 맛이 잘 어우러지니 그야말로 산해진미가 아닐 수 없다. 시금치는 불그스름해야 더욱 달기 때문에 겨울 단풍이라 부르기도 한다니 앞으로 시금치 하면 붉은색을 꼭 기억하자.

해안 도로를 달리면서 만나는 남해의 비경

물미해안도로 · 설리스카이워크 · 설리 해수욕장 · 남해 털게·바위굴

- 가을에 가면 좋아요
- 드라이브하기 좋아요
- 바다 전망 좋아요
- 1박하기 좋아요

다도해의 비경을 품은 경상남도 남해군은 동서남북으로 바다가 둘러싸고 있어 해안 도로를 달리는 것만으로도 하늘과 구별이 안 될 정도로 푸른 바다를 마음껏 감상할 수 있다. 해안 도로 옆으로 펼쳐지는 꽃의 행렬과 남해의 특별한 풍경인 다랑이논, 신비로운 푸른 숲 또한 남해의 매력이다. 볼거리, 즐길거리, 먹거리가 풍부해 누구와 함께하든 후회하지 않을 곳, 남해로 가자.

전라도 　　　　　　　　　　　경상도　　　　　　　　　　　제주도

바다, 길 그리고 단풍의 조화가 예술!

대표여행지
물미해안도로

이PD 추천

물미해안도로 내 주요 명소

상주은모래비치
송정 솔바람해수욕장
물건리 방조어부림
항도 몽돌해수욕장
초전 몽돌해수욕장

남해 물미해안도로는 남해의 물건마을과 미조마을을 잇는 구불구불한 해안 도로다. 만추를 즐길 수 있는 드라이브 코스로 유명하며 왼쪽으로는 울긋불긋한 단풍이, 오른쪽으로는 투명한 바다가 펼쳐진다. 전망대에서 한려수도를 조망하고 해안길을 달려 그 끝에 다다르면 물건마을 앞바다에 펼쳐지는 신비로운 숲과 마주치게 된다. 물건리 방조어부림은 천연기념물 150호로 파도와 바람을 막아주고 고기 떼를 부른다 해 방조어부림이라 부른다. 무려 1.5km에 달하는 숲으로 300년 전에 조성됐다고 하니 경이로울 뿐이다. 물미해안도로는 따뜻한 온도 덕분에 11월까지도 늦가을 단풍을 볼 수 있으니 미처 단풍을 즐기지 못했다면 남해를 찾아보자.

주요 코스 남해 물건마을~미조마을 (총 거리 35.2km)

물건리 방조어부림. 바닷바람이나 해일의 피해를 막고 물고기떼를 끌어들이기 위해 나무를 심어 놓은 곳이에요.

설리스카이워크

최근 남해의 새로운 명소로 급부상 중인 스카이워크는 2019년에 개장했다. 아름다운 남해 금산과 눈이 시리도록 푸른 바다, 그림 같은 다도해의 비경을 한눈에 담을 수 있을 뿐만 아니라 바닥이 투명해 짜릿한 스릴까지 만끽할 수 있다. 스카이워크 끝에는 아슬아슬하게 매달려 있는 그네가 있어 도전 의식을 불태우는데, 해수면으로부터 약 40m까지 올라간다고 하니 그야말로 용기가 필요하다. 두근두근 남해를 즐기기에는 안성맞춤. 오르락내리락하는 그네를 타고 온몸으로 느끼는 다도해의 풍경은 마치 자연 속에 스며드는 듯하다.

이PD 추천
스카이워크 끝 부분은 밑 바닥이 유리로 되어 있어 스릴 있게 해안절벽을 내려다볼 수 있다.

주소 경남 남해군 미조면 송정리 산 352-4 **운영** 10:00~20:00, 계절별 변동 있음 **요금** 성인 2,000원, 어린이 1,000원, 공중그네 추가 요금 발생(성인 4,000원, 어린이 3,000원)

설리해수욕장(무인도 사도)

설리 해수욕장에서는 시원한 물놀이를 즐길 수도 있지만 더 특별한 무인도 체험을 할 수 있다. 설리에서 1km 정도 떨어진 무인도인 사도로 가는 카약 투어. 넘실대는 파도에 몸을 싣고 맑고 푸른 바다를 온 몸으로 만끽하며 사도에 도착하면 스노클링 체험이 기다리고 있다. 사도 주변은 수심이 얕아 누구나 스노클링을 즐길 수 있으며 깊이 들어가지 않아도 모양도 색깔도 크기도 각양각색인 예쁜 물고기 떼를 만날 수 있다. 청정 남해의 바닷속을 탐험해 보자.

주소 경남 남해군 미조면 미조리

남해 털게

남해의 바다는 수산물의 보고다. 큼지막한 멸치, 반건조로 먹으면 더 맛있는 대구와 도미, 그리고 4월의 주인공 털게가 있다. 제철을 맞은 털게는 달콤한 살과 고소한 내장으로 꽉 차 있어 크기는 작지만 진한 향을 자랑한다. 털게를 쪄서 살은 꼭꼭 씹어 먹고 게딱지 안의 내장과 밥을 비벼 먹으면 고소한 맛을 넘어서 깊은 씁쓸한 맛까지 느껴진다.

남해 바위굴

굴은 찬바람이 불면 생각나는 대표적인 별미지만 남해에는 여름에도 맛볼 수 있는 굴이 있다. 일반 굴과 달리 잠수로 채취할 수 있는 바위굴이다. 12m가 넘는 깊은 바닷속으로 들어가 마치 돌처럼 보이는 바위굴을 떼어내면 주먹보다도 큰 바위굴을 채취할 수 있다. 하나가 1kg이 넘을 정도로 커서 입을 열기도 쉽지 않다. 노릇노릇한 바위굴을 찜통에 넣고 찌면 간단하게 바위굴찜이 완성된다. 바다 향기 물씬 나는 바위굴에 채소를 채 썰어 올리고 초고추장을 넣어 무치면 더욱 입맛 당기는 바위굴 초무침이 완성된다. 일반 굴처럼 부드럽고 고소하고 영양이 풍부하며 크기가 커서 관자의 쫄깃쫄깃한 맛까지 느낄 수 있어 더욱 특별하다.

신비를 품은 땅
밀양에서 찾을 수 있는 것들

만어사 · 밀양 한천밭 · 밀양 돼지국밥

*사진제공(맨 위 4장) - 한국관광공사

- 겨울에 가면 좋아요
- 드라이브하기 좋아요
- 산 전망 좋아요
- 반나절이면 충분해요

"날 좀 보소, 날 좀 보소, 날 좀 보소." 밀양 아리랑의 전설이 담긴 곳, 경상남도 밀양은 밀양 8경인 표충사와 영남루, 아랑의 전설이 깃든 아랑각 등 역사와 전설이 숨어 있는 신비로운 도시다. 자연의 오묘한 조화 덕에 밀양에는 신비로운 장소 세 곳이 있다. 여름에 얼음이 얼고 가을이 되면 얼음이 녹는 얼음골과 국가에 큰 사건이 있을 때마다 땀이 구슬처럼 흐르는 사명대사의 비석, 그리고 두드리면 종소리가 나는 만어사의 경석이다. 신비로운 전설이 숨쉬는 밀양으로 떠나자.

만어사

만어산에 위치한 만어사는 가락국 수로왕이 창건했다는 기록이 있을 정도로 유서 깊은 사찰로 그 오랜 시간만큼 수많은 전설을 간직하고 있는 곳이다. 소박한 사찰도 유명하지만 무엇보다 인상적인 건 만어사 아래로 700m 정도 늘어선 크고 작은 바윗덩어리다. 만어사란 이름의 유래가 되는 바위로 용왕을 따르던 만 마리 물고기가 변해서 돌이 됐다는 전설이 전해진다. 마치 물고기 비늘처럼 동글동글하고 다양한 크기의 이 바위들은 <삼국유사>에 따르면 옥소리, 종소리, 쇳소리가 난다고 한다. 단, 이 전설 때문에 많은 사람이 두들기는 바람에 돌이 깨지는 경우도 있다고 하니 조심하도록 하자.

주소 경남 밀양시 삼랑진읍 만어로 776

 **이PD 추천**

밀양 3대 신비
- 만어사 경석 : 두드리면 종소리가 나는 돌
- 얼음골 : 한여름에도 얼음이 어는 곳
- 표충비 : 국가에 큰일이 있을 때 땀을 흘리는 비석

삼국유사에 따르면 이 많은 돌 중 3분의 2에서만 옥소리, 종소리, 쇳소리가 난다고 해요.

밀양 한천밭

밭 하면 채소가 야무지게 심겨져 있는 푸른 밭을 떠올리겠지만 밀양에는 하얀 밭이 있다. 초록의 산 아래 펼쳐진 하얀 밭은 바로 우무를 널어놓은 한천밭이다. 밀양에는 '한천 말려 한밑천 잡는다'는 우스갯소리가 있을 정도로 한천은 농한기의 유용한 식재료였다. 우뭇가사리를 푹 삶아서 다시 굳히면 묵처럼 탱글탱글한 우무가 되고, 우무를 가늘게 썰어 밭에 널면 차가운 겨울바람과 햇빛을 받아 얼었다 녹았다를 반복하며 한천이 된다. 이렇게 만든 한천은 양갱이나 젤리에 넣어 탱글탱글한 식감을 내지만 밀양에서는 김밥에도 넣고 잡채에도 넣고 떡에도 넣는다. 칼로리가 낮고 더 고소하다고 하니 쫄깃쫄깃하고 맛있는 한천으로 건강한 한 끼를 만들어보자.

주소 경남 밀양시 산내면 일대

이PD 추천

밀양한천테마파크
밀양 한천의 역사와 한천의 효능이 궁금하다면 함께 방문해보자. 한천을 원료로 한 다양한 제품들도 판매하고 있다.

주소 경남 밀양시 산내면 봉의로 58-31 **홈페이지** https://miryangagaragar.com **운영** 09:00~18:00, 매주 수요일 휴관

한천을 이용한 요리들

한천 김말이

한천 잡채

한천 떡

밀양 돼지국밥

서울에 설렁탕, 전라도에 곰탕이 있다면 경상도엔 돼지국밥이 있다. 밀양 또한 다르지 않아서 돼지국밥은 밀양 사람들의 소울푸드다. 2022년 밀양시에서 돼지국밥 캐릭터 '굿바비'를 만들었을 정도니 그 인기를 실감할 수 있다. 수많은 돼지국밥집 중 75년의 역사를 지킨 이곳은 밀양 사람들도 줄을 서서 먹을 정도로 인기를 자랑한다. 먼저 그릇에 밥을 담고 돼지 내장과 머릿고기를 밥 위에 가득 올린 뒤 국물을 담았다 덜어냈다를 반복하는 토렴을 한다. 여기에 양념장과 김치, 부추를 넣고 방아 잎을 넣는데, 이것이 경상도식 돼지국밥의 특징이다. 방아 잎이 들어가 맛이 깔끔하며 김치가 들어가 국물이 맑고 개운하다. 여름에는 시원한 맛에, 겨울에는 따뜻한 맛에 즐기는 돼지국밥 한 그릇은 하루의 피로까지 덜어줄 것이다.

천년 고찰 백천사의
신비로움을 찾아서

백천사 · 사천바다케이블카 · 와룡산 · 삼천포 어시장 · 삼천포 쥐포

봄에 가면 좋아요 · 아이와 함께 가기 좋아요 · 바다 전망 좋아요 · 하루 꼬박 걸려요

경상남도 사천과 삼천포가 합쳐진 사천시는 경상남도에서 한려수도를 여행하는 출발지다. 배가 드나드는 아름다운 항구와 사계절 다채로운 옷을 갈아입는 와룡산, 시민들의 휴식 공간이자 역사의 공간 사천읍성, 싱싱한 해산물의 천국 삼천포 시장 등 여행지에서 찾고자 하는 모든 것이 있는 도시이기도 하다. '잘나가다 삼천포로 빠지네'라는 삼천포의 이름이 곳곳에 남아 있는 도시에서 우리만의 여행에 빠져보자.

백천사

어느 절에나 불상이 있지만 백천사의 불상은 어마어마한 크기로 시선을 압도한다. 길이 13m, 높이 3m에 이르는 엄청난 크기의 와불은 발바닥 쪽의 입구로 들어가면 자그마한 법당까지 있다. 벼락을 맞은 소나무로 만든 법당 안은 화려하면서도 신비로운 불상과 조각이 가득해 조각한 이의 불심을 엿볼 수 있다. 사람들이 백천사를 찾는 또 하나의 이유는 소원을 들어주는 소원 대야 때문이다. 소원을 빌며 대야 손잡이를 문지를 때 담긴 물이 튀면 소원이 이루어진다고 하니 간절한 마음을 담아 소원을 빌어보자.

주소 경남 사천시 백천길 326-2 **홈페이지** http://www.bekchunsa.org/

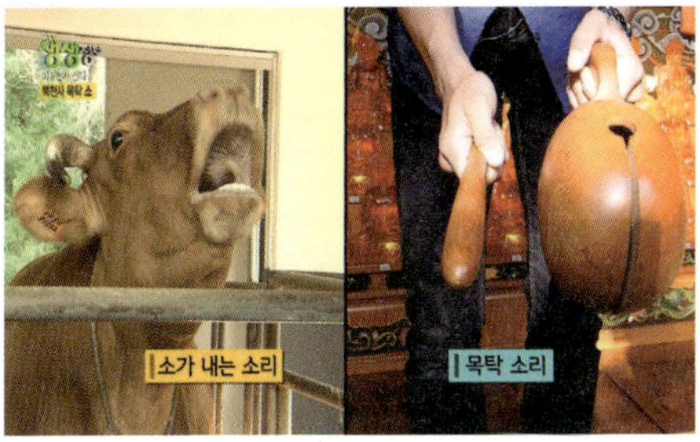

이PD 추천

백천사 신비, 우보살

백천사에는 혀로 목탁 소리를 낸다는 소, 우보살이 있다. '음메~'하는 소리가 아닌 목탁 소리와 유사한 소리를 낸다.

파란 하늘과 바다, 그림 같은 풍광을 볼 수 있어요

사천바다케이블카

사천바다케이블카는 바다를 건너 각산으로 올라가며 산과 바다, 섬을 동시에 조망할 수 있어 주말에는 하루 평균 3,000~4,000천 명이 방문할 정도로 인기 있는 곳이다. 발아래로 섬과 바다가 펼쳐지는 바다 구간에 들어서면 사천의 명소 삼천포 다리까지 한눈에 들어온다. 눈을 사로잡는 하늘길을 10여 분 달리면 408m 높이의 각산에 도착한다. 정상의 전망대에 올라서면 울창하게 우거진 숲과 눈이 시리도록 파란 바다가 펼쳐진다. 마치 하늘에 떠 있는 듯, 가슴이 탁 트이는 푸르른 하늘과 바다를 한눈에 볼 수 있다.

주소 경남 사천시 사천대로 18 **홈페이지** http://scfmc.or.kr/cablecar **운영** 일~목요일 09:00~19:00(마지막 입장 18:00), 금·토요일 09:00~21:00(마지막 입장 20:00) **요금** [일반 캐빈] (왕복) 성인 1만5,000원, 어린이 1만2,000원, (편도) 성인 9,000원, 어린이 6,000원, [크리스털 캐빈] (왕복) 성인 2만 원, 어린이 1만8,000원, (편도) 성인 1만2,000원, 어린이 9,000원

이용 정보

- 코스 : 대방 정류장 → 초양 정류장 → 각산 정류장
- 티켓 구매는 대방 정류장에서 가능
- 편도 탑승권은 각산 정류장에서만 이용 가능

주변여행지

와룡산

남북으로 뻗은 와룡산은 마치 한 마리의 용이 누워 있는 모습을 닮았다고 해 와룡이라 이름 붙었다. 3월이면 진달래, 5월이면 철쭉, 10월이면 단풍이 색색깔을 자랑하는 와룡산은 봉우리가 아흔아홉 개 있다고 해 구구연화봉이라 부르기도 한다. 조금은 험한 길을 따라 높이 799m의 민재봉에 오르면 한려수도의 크고 작은 섬이 한눈에 보인다. 5월에는 사천의 대표적인 명물 와룡산 철쭉 군락지가 펼쳐져 더욱 특별하다고 하니 진홍색으로 물든 산과 푸른 바다의 조화를 보고 싶다면 봄의 와룡산을 찾아보자.

주소 경남 사천시 벌리동

이PD 추천

와룡산 철쭉

4월 말~5월 중순까지 철쭉이 만개한다. 정상인 민재봉을 중심으로 능선을 따라 군락을 이루고 있다. 민재봉~새섬바위, 민재봉 삼거리, 기차바위로 향하는 세 갈래로 뻗은 능선과 좌우 사면이 온통 철쭉으로 뒤덮인다.

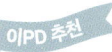

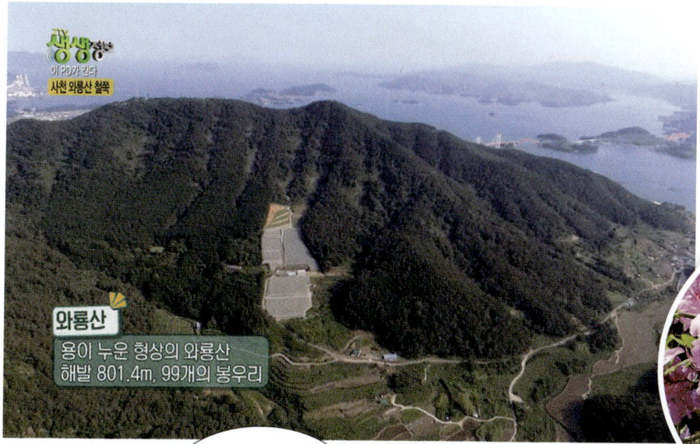
생생정보
이PD가 간다
사천 와룡산 철쭉
와룡산
용이 누운 형상의 와룡산
해발 801.4m, 99개의 봉우리

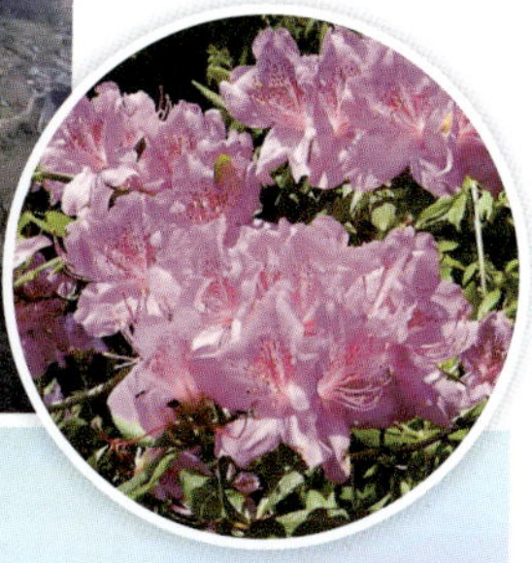

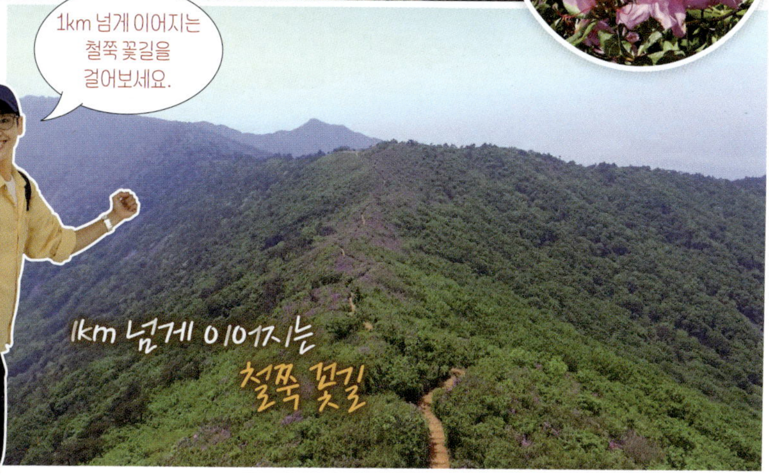
1km 넘게 이어지는
철쭉 꽃길

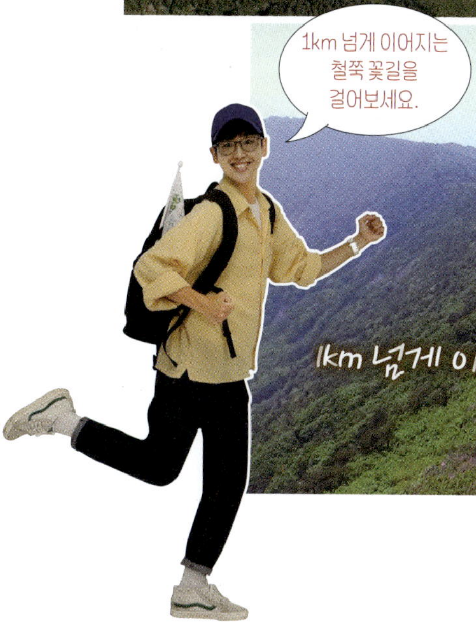
1km 넘게 이어지는
철쭉 꽃길을
걸어보세요.

삼천포 어시장(삼천포 용궁수산시장)

사시사철 싱싱한 수산물로 활기가 가득한 삼천포 어시장에는 청정한 남해에서 갓 잡은 해산물이 가득하다. 자연산 광어, 대왕 문어, 찬바람이 불 때는 통통하게 살이 오르는 꽃게와 전어가 인기다. 등딱지가 톱날처럼 생긴 톱날꽃게, 청게 또한 삼천포 시장의 특산물이다. 꽃게보다 껍데기가 두껍고 푸른색을 띠고 있으며 집게발이 유독 크다. 사계절 맛있는 해산물이 생각난다면 삼천포 어시장을 방문해 보자.

주소 경남 사천시 어시장길 64 **운영** 05:00~22:00, 가게마다 다름

삼천포 쥐포

맛있는 먹거리가 많은 사천이지만 명물 간식을 하나 뽑는다면 바로 쥐치로 만든 쥐포다. 지금은 몸값이 귀해진 쥐치지만 예전에는 사천에서 흔하디흔한 생선이었다. 살만 쏙쏙 발라낸 쥐치에 달콤하고 짭조름하게 간을 하고 사흘가량 숙성을 거친 뒤 타원형의 틀 안에 퍼즐을 맞추듯 넣는다. 쥐포 틀 하나에 쥐치가 여섯 마리 정도 들어가니 더 두툼하고 맛있을 수밖에 없다. 꾸덕꾸덕하게 말려서 살짝 구우면 쫀득쫀득한 식감도 좋지만 구수한 냄새가 자꾸 손길을 가게 만든다. 술안주로도 간식으로도 좋은 삼천포 쥐포는 사천에 온다면 꼭 구입해야 할 필수 쇼핑 품목이다.

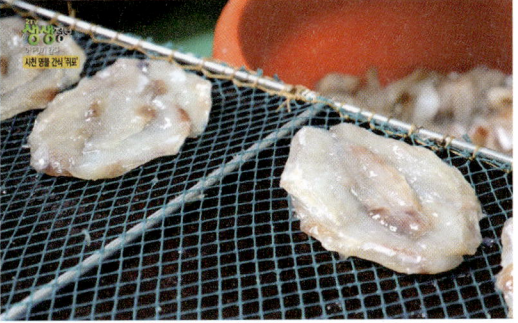

섬진강 따라 휘날리는 봄꽃에 취하다

하동 십리벚꽃길 · 화개장터 · 하동 은어

봄에 가면 좋아요 · 드라이브하기 좋아요 · 산 전망 좋아요 · 반나절이면 충분해요

전라도와 경상도를 가로지르는 섬진강 줄기를 따라 자리 잡은 도시, 경상남도 하동은 남도의 봄을 가장 먼저 만날 수 있는 곳이다. 연분홍빛의 고운 벚꽃이 길을 만드는 벚꽃길이 추운 겨우내 봄을 기다리던 사람들을 맞아주니 벚꽃이 휘날릴 때마다 사람들의 마음도 더욱 설렌다. 이름 그대로 강의 동쪽에 자리해 맛있는 음식과 아름다운 풍경을 품고 있는 도시 하동에서 봄을 맞이해 보자.

하동 십리벚꽃길

화개장터에서 조금만 걸어가면 벚나무가 자연스럽게 늘어서서 화려하고 아름다운 벚꽃 터널을 만든다. 화개장터에서 쌍계사까지 이어지는 6km 정도 되는 길을 십리벚꽃길이라 부르는데, 어느새 그 길의 아름다움이 유명해져 봄이면 사람들로 인산인해를 이룬다. 차가 앞으로 가지 못할 정도니 걸어서 십리벚꽃길을 즐기는 것을 추천한다. 온 사방이 연분홍빛 고운 색으로 물들어 마치 하얀 눈송이가 흩날리는 것처럼 벚꽃 잎이 떨어진다. 사랑하는 연인이 함께 걸으면 부부로 맺어져 백년해로 한다고 해 혼례길이라고도 부른다고 하니 사랑하는 이와 함께 십리벚꽃길을 찾아보자.

주소 경남 하동군 화개면 화개로 142

화개장터

전라도와 경상도 사이에 있어 두 도의 먹거리가 모이는 화개장터는 항상 시끌벅적하다. 우리나라 5대 시장에 꼽힐 정도로 유명한 시장이라 전국에서 농산물과 해산물, 축산물이 모여든다. 소설과 노래의 무대가 되기도 한 화개장터는 역사적인 옛 장터의 정취뿐만 아니라 재밌는 시장의 풍경까지 볼 수 있는 곳이다. 저마다 큰 목소리로 호객을 하는 상인들 사이를 지나다 보면 남도의 별미가 기다리고 있다. 바다에서 태어나 봄이 되면 강으로 올라온다는 민물고기 은어다. 섬진강 이끼를 먹고 자라 수박 향이 나는 것으로 유명한 은어를 통째로 바삭하게 튀기면 깨끗하고 깊은 맛이 더욱 특별하다. 익숙하면서도 특별한 시장을 만나고 싶다면 화개장터로 가자.

이PD 추천

십리벚꽃길을 따라 공영주차장이 몇 곳 있다. 잠시 주차를 해두고 벚꽃길을 따라 걷고 싶다면 공영주차장을 이용한다.

공영주차장 있는 곳 화개장터, 화개중학교, 야생차박물관, 용강주차장

주소 경남 하동군 화개면 탑리

하동 은어

섬진강을 끼고 있는 하동의 대표 여름 제철 음식으로 은어가 있다. 여름을 알리는 음식인 하동 은어는 다슬기처럼 1~2급수에서만 서식하는 대표적인 청정 어종으로 알려져 있다. 특히 은어는 강과 바다를 오가며 서식하는데 어릴 때는 바다로 내려가서 살다가 초여름쯤 강을 따라 거슬러 올라온다. 1급수에서만 사는 데다가 성질이 급해 싱싱한 은어를 먹는 것이 좀처럼 힘들다는 하동에서는 여름이면 꼭 은어 요리를 맛봐야 한다.

수질이 좋은 섬진강에서는 은어 외에도 참게, 재첩이 유명하다.

하동에는 흔히 만날 수 있는 은어 구이 말고도 독특한 은어 요리들을 맛볼 수 있다. 쌀밥 위에 은어를 통째로 올려 밥을 한 은어밥, 은어로 육수를 내 국수를 말아 먹는 은어 국수, 은어 튀김, 은어 회 등 오직 하동에서만 맛볼 수 있는 싱싱한 은어 요리를 맛보자.

양산

눈과 코를 사로잡는 매화의 고장

순매원 · 순매원 전망대·매화밭 기찻길 · 원동 매실

봄에 가면 좋아요 · 산책하기 좋아요 · 산 전망 좋아요 · 반나절이면 충분해요

경상남도 남동부에 위치한 양산은 부산과 가까워 부산과 함께 여행하기 좋은 도시다. 유네스코 세계유산으로 지정된 통도사와 한 폭의 수묵화를 닮은 홍룡폭포, 생태계의 보고 천성산 등이 눈길을 사로잡는 도시이기도 하다. 양산에 왔다면 석가모니의 진신사리를 모시고 있는 천년 고찰 통도사를 꼭 찾기를 바란다. 보기 드문 붉은 매화, 알록달록한 단풍, 하얀 설경이 다채로운 색감을 보여주는 통도사와 양산에서 자연과 문화, 역사를 만나보자.

전라도 | 경상도 | 제주도

순매원

많은 사람이 봄을 대표하는 꽃으로 벚꽃을 생각하지만 양산은 다르다. 양산에서 봄소식을 알리는 꽃은 어지러울 정도로 진한 향기가 나는 순백의 매화다. 3월 초 양산 원동역 인근에 자리한 순매원을 찾으면 나뭇가지마다 하얀 팝콘이 터진 듯 흐드러지게 매화가 펴 있다. 다홍빛의 고운 자태가 아름다운 홍매화부터 푸른 꽃받침의 청매, 흰 꽃잎의 백매까지 색색의 매화로 가득하다. 달콤한 꽃향기를 따라가면 매화나무 아래 소풍을 즐길 수 있는 명소까지 있으니 그야말로 봄을 맞이하기에 제격이다. 순매원은 해마다 매화 개화 시기에 맞춰 잠시 개방하니, 미리 개방 시기를 체크하고 맞추어 방문하자.

주소 경남 양산시 원동면 원동로 1421(원동순매실농원) **운영** 매년 2월 중순~3월 중순 개방, 해마다 개방 기간이 다르니 사전 체크 필수 **요금** 무료

흑독한 겨울을 견디고 가장 먼저 피는 꽃

청매, 백매, 홍매화까지 다양한 모양의 매화가 가득!

이PD 추천

순매원 인근에 있는 원동역 주변으로 원동벽화마을이 조성돼 있다. 마을 곳곳에는 1970~80년대 각양각색의 테마를 콘셉트로 한 벽화 거리가 조성돼 있어 구석구석을 둘러보는 재미가 있다.

주소 경남 양산시 원동면 원동마을길 13(원동역)

주변여행지

순매원 전망대·매화발 기찻길

영남의 젖줄이라 불리는 푸른 낙동강과 양산 순매원 사이에는 강과 매화, 기차를 한눈에 담을 수 있는 순매원 전망대가 있다. 하얗게 눈꽃처럼 빛나는 매화와 푸른 낙동강, 멀리 영남 알프스 자락을 두고 그 사이로 기차가 지나가면 외국 부럽지 않은 아름다운 장면을 찍을 수 있다. 날씨가 좋은 날에는 햇빛이 쏟아지는 낙동강이 찬란하게 빛난다. 그 한 장면을 놓치지 않기 위해 많은 사람이 전망대에 올라 기차 시간을 기다리지만 눈으로 담는 것만큼 마음 벅찬 일은 없을 것이다.

주소 경남 양산시 원동면 원리 1121-10

이PD 추천

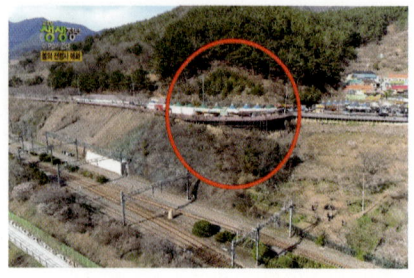

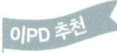

원동역을 지나가는 기차 시간표를 파악한 후, 시간대에 맞춰 사진을 찍으면 매화 숲을 배경으로 기차가 지나가는 모습을 사진에 담을 수 있다.

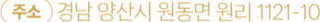

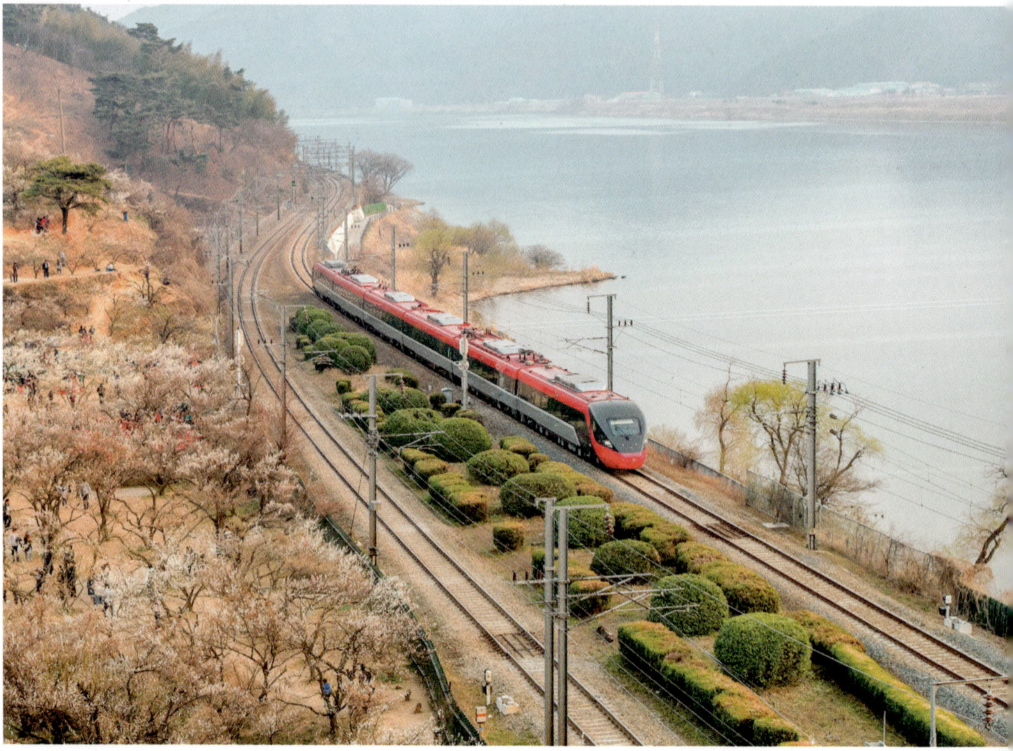

원동 매실

양산시의 대표 특산물 중 하나로 원동 매실이 있다. 온화한 기후와 풍부한 일조량 등 매실 재배에 최적화된 지역적 특성 때문에 타 지역에서 생산된 매실보다 맛과 향이 뛰어나고 매실 고유의 효능이 뛰어나다.

1930년대 이 지역에 매화나무를 심은 후 매실을 수확하기 시작해 100년 동안 토종 매실의 명성을 이어가고 있다. 원동에서는 연간 700톤이 넘는 엄청난 양의 매실을 수확하여 생매실은 물론 매실청, 매실초, 매실주, 매실장아찌 등 다양하게 매실을 가공해 판매한다.

돼지를 닮은 섬
저도

창원 저도 · 저도 스카이워크(콰이강의 다리) · 떡전어

가을에 가면 좋아요 | 산책하기 좋아요 | 바다 전망 좋아요 | 반나절이면 충분해요

마산, 진해, 창원이 하나가 돼 풍요로운 고장 창원이 됐다. 경상남도에서 가장 크고 번화한 도시 창원은 핫플레이스와 세련된 골목이 즐비한 곳이지만 무엇보다 천천히 걷기에 좋은 도시다. 봄에는 벚꽃이 가득한 진해를 걷고, 여름에는 바다가 펼쳐지는 진해 해양공원을 걷고, 가을에는 오색의 옷을 입은 마산 가고파 국화축제를 산책하고, 겨울에는 마금산과 천마산에 올라 눈 풍경을 만난다. 사계절 걷고 싶은 도시 창원은 어떤 모습일까.

창원 저도

창원의 힐링 명소로 유명한 구산면 곳곳에는 복스러운 자태의 돼지 동상이 있다. 바로 섬 이름인 저도를 상징하는 돼지 동상으로, 저도는 하늘에서 본 섬 모양이 마치 돼지 한 마리가 옆으로 누워 있는 모습 같다고 해 붙여진 이름이다. 콰이강의 다리라 불리는 연륙교를 건너면 걸어서도 저도에 갈 수 있고, 저도비치로드라는 둘레길이 있어 가벼운 마음으로 트레킹하기에도 좋은 섬이다.

저도비치로드 코스

• 1코스(3.7km, 약 1시간 30분 소요)
주차장 → 제1·2전망대 → 전망정자 → 하포길

• 2코스(4.65km, 약 2시간 소요)
주차장 → 제1·2전망대 → 해안데크로드 → 하포길

• 3코스(6.35km, 약 3시간 소요)
주차장 → 제1·2전망대 → 해안데크로드 → 바다구경길 → 정상 가는 길 → 하포길

주소 경남 거제시 장목면 유호리

저도 스카이워크(콰이강의 다리)

바다를 가로지르며 창원의 육지와 저도를 잇는 빨간색의 연륙교는 높이 15.5m, 길이 170m로 영화 <콰이강의 다리>에 나오는 다리와 닮았다 해 콰이강의 다리로도 불린다. 붉은색의 인상적인 다리를 건너다 보면 중간부터 시작되는 통유리 구간이 있어 더 가슴이 두근거린다. 자기도 모르게 가장자리로만 걷게 되는 짜릿한 풍경이 펼쳐지고 거대한 배가 투명한 바닥 아래로 지나가는 순간은 짜릿함이 두 배가 되니 일부러 그 시간을 기다리는 사람들도 많다.

다리 이름은 데이비드 린 감독의 영화 '콰이강의 다리'에서 따왔다. 다리의 모양이 제2차 세계대전 중 영국군 포로가 콰이강 계곡에 건설한 태국과 미얀마를 잇는 철도용 다리와 비슷해서다.

주소 경남 창원시 마산합포구 구산면 해양관광로 1872-60

배가 지날 때마다 심장이 두근두근~

떡전어

가을의 전령사 전어는 7, 8월에는 기름기가 적고 11월 이후에는 뼈가 억세져서 뼈째 먹을 수가 없다. 그래서 가을에 먹어야 맛있다고 한다. 예로부터 진해 전어는 커다란 떡전어라고 하는데 깨소금보다 더 고소해서 유명하다. 보통 전어보다 1.5배 정도 큰 떡전어는 추운 겨울을 나기 위해 지방을 두둑이 쌓아 더 고소하다. 전어를 회로 썰 때 두께와 모양을 달리하면 다양한 식감을 즐길 수 있다. 가늘게 썬 것은 부들부들하고, 뼈째 썬 것은 오독오독하고 도톰하게 썬 것은 쫄깃쫄깃하다. 회로 먹어도 맛있지만 구워 먹으면 솔솔 풍기는 고소한 냄새 덕분에 더 맛있어진다고 하니 한번 경험해 보자. 묵은지에 전어회를 올려 쌈장을 더해 먹어도 고소하고 맛있다.

남해에 핀 연꽃
연화도

연화도 · 출렁다리 · 고등어 양식장 · 스쿠버다이빙 · 충무김밥

- 여름에 가면 좋아요
- 트레킹하기 좋아요
- 바다 전망 좋아요
- 하루 꼬박 걸려요

한려수도의 중심 통영은 역사와 예술, 그리고 자연과 맛을 모두 만날 수 있는 도시다. 박경리, 윤이상, 유치환, 전혁림 등의 문화예술인의 출생지로, 그들의 기념관이 곳곳에 있어 유구하게 흘러온 예술의 힘을 볼 수 있으며 충무공 이순신의 역사 또한 곳곳에 남아 있다. 그뿐 아니라 미륵산, 이순신 공원, 동피랑, 해저 터널 등 통영만의 정취가 있는 볼거리가 가득하다. 작은 도시지만 근처 섬까지 둘러보고자 한다면 2박 3일이 아쉬운 도시, 일주일을 머물러도 더 머물고 싶은 곳이다.

연화도의 인기 명소 수국길!

연화도

통영 남쪽에 위치한 연화도는 맑고 푸른 바다 덕분에 해양 스포츠의 천국이자 싱싱한 해산물까지 맛볼 수 있는 보석 같은 섬이다. 통영에서 배를 타고 남쪽으로 1시간 정도 가면 연꽃의 이름을 가진 아름다운 섬을 만날 수 있다. 연화도는 통영의 유인도 중에서 사람들이 가장 먼저 살기 시작한 섬으로 기암절벽과 바다가 어우러져 길게 펼쳐진 해안선을 가지고 있다. 연화도에는 완만한 경사의 산책로가 있어 걸어서 둘러볼 수 있는데 늦여름에 오면 수국이 길을 안내하니 더욱 아름다운 길이 펼쳐진다. 연화도 정상에 오르면 통영 8경 중 하나인 용머리 바위까지 보여 통영의 아름다움을 한껏 만끽할 수 있다.

연화사를 시작으로 보덕암, 출렁다리를 지나 용머리 바위를 보고 돌아오는 코스가 연화도 트레킹 코스다. 연화사에서 보덕암으로 향하는 길에 수국 꽃길이 펼쳐진다.

주소 경남 통영시 욕지면 연화리 연화도

연화도 구석 구석 즐기기

출렁다리

연화도에 오면 꼭 찾아야 한다는 출렁다리는 길이 45m, 폭 1.5m로 절벽과 절벽 사이를 잇는 아찔한 높이에 위치해 있다. 떨리는 마음으로 다리 위에 서면 무서운 마음이 사라질 정도로 아름다운 풍경이 펼쳐진다. 협곡 사이로 펼쳐진 쪽빛 바다와 아름다운 기암절벽이 빚은 그림 같은 풍경은 연화도에서만 볼 수 있는 특별한 풍경이다.

출렁다리
길이 45m, 폭 1.5m
절벽 사이를 오가는 다리

고등어 양식장

고등어는 급한 성질 때문에 잡는 순간 쉽게 죽어서 주로 구이로 먹지만 연화도에서는 회로 맛볼 수 있다. 연화도 앞바다에 있는 양식장에서 막 건져와 싱싱한 상태로 살아 있기 때문이다. 고등어는 핏기가 남아 있으면 비릴 수 있느니 손질을 잘해야 하고 얼음물에 15분 정도 담가 놓으면 살이 더욱 쫀득하고 탱탱해진다. 금방 잡아 회를 뜨기 때문에 비린 맛이 없고 담백하다. 마치 바다가 품으로 들어오는 듯한 연화도의 별미를 꼭 한 번 맛보기를 바란다.

스쿠버다이빙

연화도를 찾은 여행자를 위한 신비로운 바닷속 세상이 기다리고 있다. 배를 타고 다이빙포인트에 들어가 바닷속으로 들어가면 고운 빛깔의 산호와 총천연색의 물고기 떼, 바다의 붉은 꽃 멍게와 뾰족뾰족 까칠한 성게가 눈에 띈다. 돌로 성게를 톡톡 치면 껍데기가 갈라지고 성게를 먹기 위해 물고기가 떼로 몰려드는데 그 모습 또한 장관이다. 바다의 속살을 만날 수 있는 시원한 스쿠버다이빙은 연화도의 새로운 여행 방법으로 각광받고 있다.

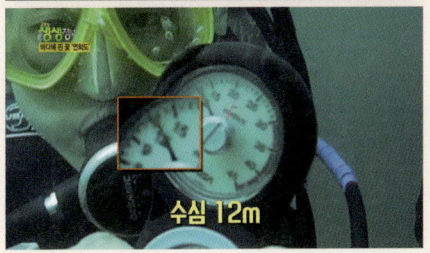

충무김밥

일반 김밥과는 달리 하얀 밥을 싼 김밥과 오징어, 무김치를 따로 내놓는 충무김밥은 통영의 특별한 요리이자 일상적인 식사다. 일반 김밥은 속에 여러 가지 재료가 들어가 금방 쉬지만 충무김밥은 빨리 쉬는 것을 막기 위해 반찬을 따로, 밥을 따로 싼다. 뱃사람들에게는 익숙하고도 편한 요깃거리였으며 지금은 여행자에게 특별한 별미가 되고 있다.

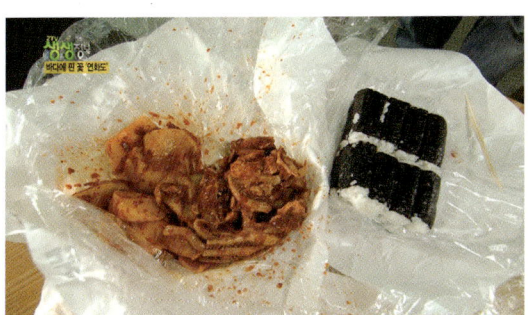

동해 끝자락 환상의 섬
울릉도

행남해안산책로　울릉도 학바위　따개비밥　독도새우

여름에 가면 좋아요　트레킹하기 좋아요　바다 전망 좋아요　1박 하기 좋아요

누군가는 울릉도를 낙원이라고 한다. 들어가기는 어렵지만 한번 가면 다시 찾을 수밖에 없는 매력적인 섬이다. 배를 타고 4시간 이상을 가야 하는 울릉도는 화산 폭발로 이루어진 섬이라 곳곳에 용암이 만든 환상적인 풍경이 펼쳐진다. 어디를 가든 바다가 보이는 가장 동쪽의 섬 울릉도와 함께 우리의 자부심 독도를 만나보자.

행남해안산책로

날마다 수많은 사람이 오가는 여객선 터미널 옆에 놓인 다리를 지나 길을 따라가면 울릉도의 둘레길이 이어진다. 도동항에서 저동항 촛대바위까지 2.6km 정도 이어진 길로 맑고 파란 바다와 맞닿은 아찔한 절벽, 화산 폭발로 만들어진 울퉁불퉁한 절벽이 어우러지는 모습을 보며 걷다 보면 어느새 거대한 동굴이 나타난다. 동굴 안은 용암이 흘러내린 흔적이 고스란히 남아 있는데 그 시간의 흔적을 지나가면 발아래 파도가 발밑에서 부서지는 길이 나타난다. 행남해안산책로의 하이라이트는 날씨가 좋은 날에는 독도까지 보인다는 행남등대다. 저 멀리 촛대바위, 관음도, 죽도가 보이는 풍경은 깊은 색감을 담은 바다의 색만큼 마음 깊이 다가온다.

주요 코스 도동항~저동항 촛대바위(총 2.6km, 1시간 30분 소요)

🔍 행남해안산책로 둘러보기

해안절벽을 따라 걷다 보면 다양한 지질 작용으로 인해 생긴 경관을 발견할 수 있어요.

길을 따라 가면 이런 천연 동굴이 여러 개 있답니다.

화산 폭발로 만들어진 섬 답게 곳곳에 화산의 흔적이 있어요.

섬을 내려다 볼 수 있는 행남등대(도동등대). 날씨가 좋을 땐 멀리 독도가 보이기도 한답니다.

화산과 파도, 바람이 만들어낸 지형의 모습을 가까이에서 만날 수 있어요.

주변여행지

울릉도 학바위

울릉도의 서쪽 학포 마을에서 가장 유명한 학바위는 15m 높이의 바위지만 다이빙 포인트이기도 하다. 종이학을 닮아 학바위라 부르는 바위에 올라서면 생각보다 높은 높이 때문에 아찔하지만 푸른 바다를 보면 시원하게 뛰어내리고 싶어진다고 한다. 더운 여름에는 시원한 울릉도 바다를 만끽하는 천연 놀이터이자 절벽 다이빙에 도전해 보는 건 어떨까.

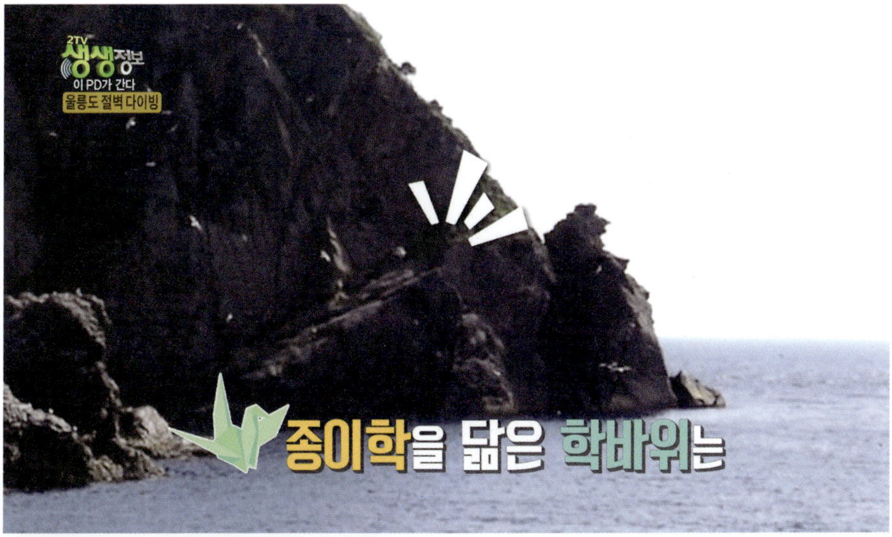

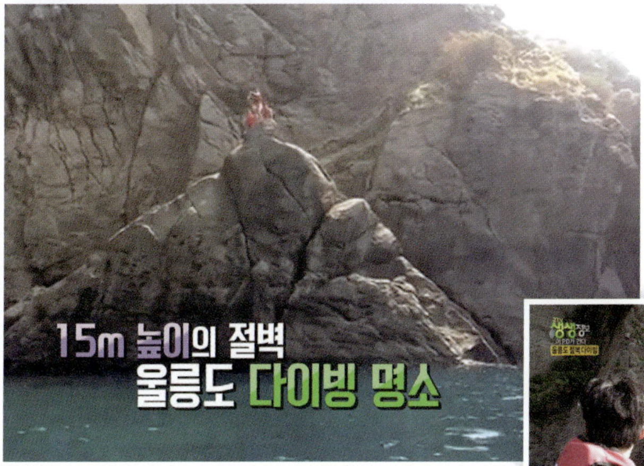

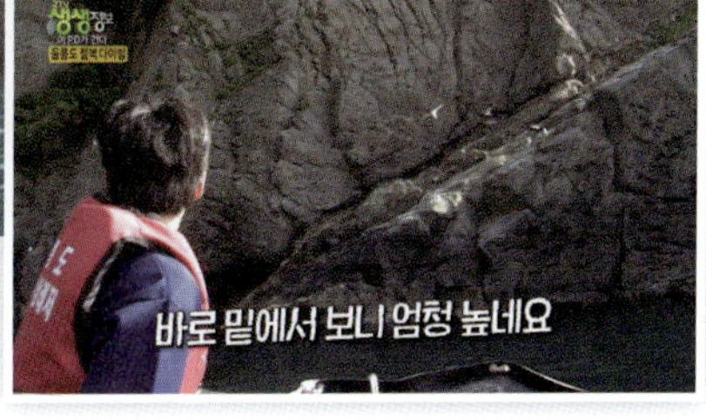

따개비밥

울릉도의 먹거리 하면 해풍으로 말린 오징어가 유명하지만 울릉도에서는 따개비의 명성이 자자하다. 껍데기는 조개처럼 보이지만 알맹이는 전복을 닮은 울릉도의 별미로, 마치 삿갓을 쓴 것 같다고 해서 삿갓조개라고도 부른다. 주로 가파른 절벽에 붙어 채취하기가 쉽지 않은데 어렵게 딴 따개비를 깨끗하게 손질한 뒤 살짝 데쳐서 껍데기를 떼고 쌀 위에 듬뿍 올려 밥을 짓는다. 고소한 양념을 얹고 밥을 지으면 전복과 비슷하면서도 밥알과 맛있게 어우러져 더 쫄깃쫄깃하다.

독도새우

국빈 만찬에 나와 더욱 유명해진 독도새우는 울릉도, 독도에서만 잡히기 때문에 그 몸값이 비싸다. 수심이 깊은 동해의 밑바닥에 살고 소고기의 마블링처럼 줄무늬가 있는 도화새우와 호랑이 등처럼 줄무늬가 있는 물렁가시붉은새우, 차렷 자세를 하고 있는 가시배새우가 있다. 마치 설탕을 뿌려놓은 듯한 독도새우는 생으로 먹어도 좋지만 탱글탱글한 알맹이로만 물회를 만들기도 한다. 각종 채소를 채 썰어 넣고 고둥까지 얹은 뒤 매콤한 고추장 양념을 더하면 울릉도만의 물회가 완성된다. 울릉도 물회는 육수가 없는 것이 특징이라 물을 넣어 간을 조절한다. 입안에서 사르르 녹는 독도새우와 오독오독한 고둥이 한 그릇 안에서 맛의 완성을 이룬다.

독도새우에 짭조름하게 간을 해서 소금구이를 만들거나 큼지막한 독도새우를 통째로 노릇노릇하게 튀겨도 보통 새우보다 훨씬 더 풍부한 맛을 느낄 수 있다.

독도새우 3종류 비교

스릴 만점!
포항의 핫 플레이스를 찾아서

환호공원 스페이스워크 · 죽도시장 · 모리국수

겨울에 가면 좋아요 · **산책하기 좋아요** · **바다 전망 좋아요** · **반나절이면 충분해요**

경상북도에 위치한 철의 도시 포항은 동쪽으로는 바다를 맞닿아 깊고 푸른 만이 펼쳐지고, 내륙으로는 산과 바다를 아우르는 자연의 풍경이 시선을 사로잡는 도시다. 거대한 손이 인류의 상생을 기원하는 호미곶과 계절마다 다채로운 색으로 물드는 내연산, 일제 강점기의 아픈 흔적이 남아 있는 구룡포 근대문화거리 등 다양한 볼거리가 있지만 새로운 명소가 여행자를 부른다. 아찔한 풍경을 선사하는 스페이스워크를 걷고 특별한 모리국수까지 즐기며 포항을 만나보자.

전라도 | 경상도 | 제주도

환호공원 스페이스워크

대표여행지

'걸어 다니는 롤러코스터' '스트레스가 풀리는 곳' '가슴이 뻥 트이는 장소' 스페이스워크는 2021년에 개장해 주말 평균 방문객이 5,000여 명에 달하는, 포항의 핫 플레이스다. 우뚝 솟은 산 위에 마치 뫼비우스의 띠처럼 돌고 돌며 이어지는 공중 산책길은 길이 333m, 최대 높이 25m에 보기만 해도 두근거리는 급경사까지 있어 짜릿함을 더한다. 높이만 해도 아찔하지만 바람이 셀수록 더욱 출렁거려 익사이팅한 즐거움까지 선사한다. 급경사 구간을 다 오르고 나면 푸르디푸른 영일만이 눈앞에 펼쳐져 마음까지 시원해진다. 영일만의 일출과 일몰 또한 한눈에 볼 수 있는 이색적인 전망대다.

주소 경북 포항시 북구 두호동 산8 운영 하절기(3~11월) 평일 10:00~20:00, 주말 10:00~21:00, 동절기(12~2월) 평일 10:00~16:00, 주말 10:00~17:00 요금 무료 ※ 신장 110cm 이하 이용 불가.

 이PD 추천

스페이스워크 진입 방법
① 환호공원 정문 미술관 주차장(주소 환호동 369-2) 또는 공원 주차장(주소 환호동 323-3)으로 진입
② 해안가 쪽(여남 방면) 두무치 주차장(주소 두호동 156 맞은편)으로 진입 후 카페(헤이안)와 식당(토마틸로) 사이로 진입

죽도시장

포항 시내에 위치한 전통 시장으로 50년 전 갈대밭이 무성한 늪지에 노점상이 들어서며 시작됐고 현재 점포 수 2,500여 개로 동해안 최대 규모를 자랑하는 시장이다. 계절에 따라 다채롭고 싱싱한 농산물과 수산물을 찾을 수 있는 곳으로 생선이나 문어, 대게 등 해산물뿐만 아니라 겨울에는 포항의 특산물인 과메기, 때에 따라 고래고기까지 만날 수 있다.

주소 경북 포항시 북구 죽도시장13길 13(포항수산종합어시장)　**운영** 08:00~22:00, 가게마다 다름

죽도시장 명물, 과메기·대왕문어

포항 대표 겨울 별미 과메기! 꽁치나 청어를 말리면 차디찬 해풍을 맞고 얼었다 녹았다를 반복하면서 쫀득하고 담백한 과메기가 완성된다. 고소한 김과 새콤하고 달콤한 초고추장과 함께 먹으면 씹는 맛에 더해 깊은 맛까지 느낄 수 있다. 죽도시장의 또 다른 명물 대왕문어는 예로부터 관혼상제에 빠질 수 없는 해산물로, 삶아서 그대로 먹어도 쫄깃하고 맛있으며 요리를 만들어도 훌륭하다.

모리국수

모리국수는 포항의 특색 있는 먹거리로 뱃사람들이 많이 먹었던 음식이라고 한다. 동해에서 잡힌 제철 해산물을 잔뜩 넣은 국수로 어느새 포항의 별미가 됐다는데, 모아서 먹는다고 해 모리국수라 부른다. 아귀의 살과 내장, 꽃게에 동태알까지 싱싱한 해산물을 듬뿍 넣고, 황태를 넣고 끓인 육수에 칼칼한 고추장까지 풀어 손수 뽑은 칼국수 면을 듬뿍 넣으면 시원하고 얼큰한 모리국수가 완성된다. 예전에는 좋은 해산물은 팔고, 팔고 남은 상처 나고 살코기도 별로 없는 것을 끓여 먹었다고 하는데 여전히 포항의 시간과 맛이 그대로 느껴지는 추억의 음식이다.

금강산도 부럽지 않은 12폭포의 비경

내연산 12폭포 · 소금강 전망대 · 검은돌장어

가을에 가면 좋아요 · 트레킹하기 좋아요 · 산 전망 좋아요 · 하루 꼬박 걸려요

발길이 닿는 곳마다 푸른 동해의 절경이 펼쳐지는 경상북도 포항은 맑은 계곡과 단풍이 어우러져 가을을 즐기기에 더없이 좋은 도시다. 경북 8경 중 하나인 내연산 12폭포, 사계절 다채로운 산의 풍광이 펼쳐지는 운제산 오어사와 경상북도 수목원 등이 있어 풍요로운 자연을 만날 수 있다. 아쉬운 마음만 남기고 지나가 버리는 가을이지만 머물고 싶은 도시 포항에서 가을의 모습을 발견해 보자.

내연산 12폭포

경상북도 포항에서 영덕까지 걸쳐 있는 내연산은 해발 710m 정도의 산으로, 그 울창한 숲 안에는 산자락을 타고 8km 정도 이어지는 계곡과 열두 개의 폭포가 있다. 내연산은 화산재가 굳은 암석으로 이루어져 절벽이나 계단 등 독특한 모양의 지형이 만들어졌고 그 위로 물이 흘러 여러 폭포가 생겼다.

물길을 따라 내연산을 오르락내리락하며 20분 정도 산을 오르면 우선 두 개의 물줄기가 사이좋게 떨어지는 상생폭포(제1폭포)를 만난다. 상생폭포를 시작으로 바위 뒤에 숨어 있는 보현폭포(제2폭포)를 지나 기암괴석과 폭포가 어우러지는 관음폭포, 출렁다리를 건너자마자 시선을 압도하는 연산폭포까지, 각양각색의 폭포를 마주할 수 있다. 시원한 폭포도 내연산의 하이라이트지만 해발 710m로 그다지 높지 않고 능선이 평탄한 편이라 부담 없이 걸을 수 있다. 겸재 정선이 그린 <내연삼용추도(內延三龍湫圖)>의 배경이 됐을 정도로 아름다운 내연산을 꼭 한 번 만나보자.

내연산 12폭포
제1폭포 상생폭포
제2폭포 보현폭포
제3폭포 삼보폭포
제4폭포 잠룡폭포
제5폭포 무풍폭포
제6폭포 관음폭포
제7폭포 연산폭포
제8폭포 은폭포
제9폭포 복호1폭포
제10폭포 복호2폭포
제11폭포 실폭포
제12폭포 시명폭포

주소 경북 포항시 북구 송라면

소금강 전망대

제1폭포인 상생폭포에서 보현암을 지나 나오는 갈림길에서 전망대 방향으로 가면 절벽 위에 만들어진 폭포 전망대에 다다른다. U자형의 전망대에서는 발아래로는 계곡과 폭포가, 맞은편에는 신선도 반한 절경의 선일대와 깎아지른 듯한 비하대와 학소대가 한눈에 들어온다. 포항에서 꼭 만나봐야 할 절경이 아닐 수 없다.

검은돌장어

찬바람이 불어오는 가을이 되면 포항에서는 보양식으로 장어를 먹는다. 3월 말부터 11월까지가 제철인 동해안의 검은돌장어는 추운 겨울을 견디기 위한 힘을 쌓는 데 그만이다. 돌 틈에서 자라 돌장어라고 부르는데, 물살이 세고 거친 동해에서 살기 때문에 유독 육질이 단단하다고 한다. 돌장어를 숯불에 노릇노릇하게 굽고 매콤한 양념장을 바르면 고소하면서도 깊은 맛의 장어구이를 맛볼 수 있다. 포항에서는 특별하게 장어 살을 잘게 썰고 살짝 익혀서 간장, 소금, 다진 채소, 돼지고기와 함께 치대 장어 만두를 만들기도 한다. 돼지고기만 들어간 만두보다 더 담백하고 아이들도 맛있게 먹을 수 있으니 가족이 함께 즐기기에 더 좋다.

Special page

대한민국 생태 복원의 대명사, 울산 태화강국가정원

대한민국 최대의 공업 도시 울산은 내로라하는 대기업들이 모여 있어 1인당 GRDP(지역내총생산)가 전국 1위인 도시다. 그런 만큼 다양한 일자리가 있어 언제나 사람들이 모여드는 도시이기도 하다. 동쪽으로는 바다가, 서쪽으로는 영남알프스가 있고, 중심으로는 울산의 젖줄 태화강이 가로지른다. 도시와 자연이 어우러지는 울산을 만나보자.

태화강국가정원

울산 태화강은 서쪽에서 동해로 울산을 가로지르는 강으로 태화강을 끼고 태화강국가공원이 조성돼 있다. 순천만국가정원에 이은 제2호 국가정원으로 대도심에 펼쳐지는 자연 속 정원으로 유명하다. 걸어서 돌아보려면 반나절은 걸릴 것 같은, 83만여m²의 규모를 자랑해 자전거로 다니는 사람도 많다. 태화강국가정원은 푸른 대나무 숲과 4,000만 송이에 달하는 국화밭, 일제 강점기의 아픈 역사가 남아 있는 태화강동굴피아, 영남 3대 누각 중 하나인 태화루, 국내 최대의 철새도래지 등 다채로운 자연을 한곳에서 볼 수 있다.

(주소) 울산 중구 태화강국가정원길 154 (홈페이지) https://www.ulsan.go.kr/s/garden (운영) 연중무휴

이PD 추천

- **태화강 전망대**
태화강과 십리대숲을 조망할 수 있는 전망대. 3층은 회전형 카페가, 4층에는 전망대가 있다.
(주소) 울산 남구 남산로 223 운영 [전망대] 10:00~22:00, [카페] 10:00~19:00, 연중무휴

- **정원해설사**
정원의 생태환경을 알려주고, 탐방 안내를 도와주는 정원해설사가 있다. 안내센터를 출발하여 정원 구석구석을 돈다. 총 소요시간 30분~1시간.
(요금) 무료 ※ 유선 및 방문 신청 필요, 최소 방문 3일 전에 신청해야 함.

십리대숲

태화강국가정원 안의 십리대숲은 국내 최대 규모의 대나무 숲으로 태화강을 따라 4km 정도가 펼쳐진다. 숲에 들어서는 순간 상쾌하고 청량한 공기가 전해져 숨 막히는 도심에서의 스트레스를 잊게 해주는 곳이다. 올곧게 뻗은 고고한 자태의 대나무는 일 년 사계절 푸르름을 자랑하고, 태화강에서 불어오는 강바람은 대나무의 향을 더욱 가까이 느끼게 만든다. 힐링을 위해서도 건강을 위해서도 더없이 좋은 곳이다.

태화강 꽃축제

태화강국가정원에는 저마다의 색을 뽐내는 아름다운 꽃이 많고 해마다 꽃축제가 펼쳐진다. 그중에서도 4,000만 송이의 국화가 노란 물결을 이루는 국화정원이 가장 유명한데, 가을이면 은은한 국화 향이 사람들을 불러 모으는 국화정원에서 국화축제가 열린다. 끝없이 펼쳐지는 황금색 국화 사이를 걸으며 산책하기도 좋고 국화꽃 터널, 포토존 등에서 간직하고 싶은 한 컷을 찍을 수 있다. 봄에는 6,000만 송이 봄꽃이 펼쳐지는 봄꽃 축제가 열린다.

더 알고 싶고, 더 찾고 싶은
부산 이색 여행

송도 해상케이블카·용궁 구름다리 · 해운대 수목원 · 부평깡통시장 야시장

봄에 가면 좋아요 · 아이와 함께 가기 좋아요 · 바다 전망 좋아요 · 반나절이면 충분해요

대한민국 제2의 도시 부산은 그 크기만큼이나 즐길거리가 가득하다. 젊은이들이 모이는 남포동과 해운대에서 부산의 멋을 즐기고, 푸르른 바다에서 잠시의 여유를 즐기고, 깡통시장과 자갈치시장에서 부산의 맛을 즐기고 나면 일주일이 부족할 정도다. 알면 알수록 더 알고 싶은 매력을 가진 도시 부산에서 나만의 여행지를 찾아보자.

송도 해상케이블카·용궁 구름다리

대표여행지

드넓은 백사장이 펼쳐진 송도해수욕장에는 바다 위를 걷는 듯한 다리가 있다. 송도해수욕장에서 2km 정도 떨어진 곳에 용머리를 닮은 구름다리로 바닥이 투명한 케이블카를 타고 가면 그 모습을 더 가까이 볼 수 있다. 케이블카를 타면 구불구불 이어지는 해안길과 푸르른 망망대해가 발아래 펼쳐지니 마치 바닷속에 빠져드는 듯하다. 하늘길을 10분 정도 달리면 다리에 닿는다. 기암절벽 위에 자리한 소나무 숲길의 끝에 위치한 용궁 구름다리는 육지와 섬을 연결하는 127m 길이의 다리로 마치 용을 닮은 듯, 구름을 닮은 듯하다. 다리는 사방이 트여 있어 거센 바닷바람을 온몸으로 느끼며 걷기에 좋다.

(주소) 부산 서구 송도해변로 171 (홈페이지) http://busanaircruise.co.kr/ (운영) 평일 09:00~20:00, 주말 및 공휴일 09:00~21:00, 극성수기(7/29~8/15) 09:00~22:00 (요금) (왕복) [에어크루즈] 성인 1만5,000원, 어린이 1만1,000원, [크리스털크루즈] 성인 2만 원, 어린이 1만5,000원

이PD 추천

- 방문 전 온라인 예약을 하고 가면 편리하다. 예약은 포털사이트 네이버를 통해 진행한다.
- 케이블카 탑승장 인근에 작은 바위섬인 거북섬이 있다. 거북섬에서는 바닥이 훤히 내려다보이는 나무데크길인 구름산책로를 따라 걸어볼 수도 있고, 오리보트나 투명 카약 등의 해상 레저활동도 즐길 수 있으니 참고하자.

해운대 수목원

부산의 바다만큼 넓은 해운대 수목원은 2021년 개원한 곳으로 원래는 쓰레기 매립장이었다고 한다. 규모 19만 평, 축구장 88개의 면적에 달하는 쓰레기 매립장이 10여 년에 걸쳐 수목원으로 탈바꿈한 것이다. 몽환적인 빛깔의 라벤더, 빨갛고 노란 백합, 도도하게 만개한 장미 등 아름다운 꽃뿐만 아니라 형형색색의 야생화와 기분 좋은 허브, 자유롭게 뛰노는 양, 커다란 몸집의 타조, 사람을 잘 따르는 귀여운 당나귀까지 있어 아이들과 함께 찾기에도 좋다. 예전에는 쓰레기 매립장이었다고는 상상할 수 없는 초록이 가득한 힐링 포인트에서 눈과 마음을 쉬도록 하자.

이PD 추천

길이 평탄하여 유모차를 끌기에 좋고, 중간에 작은 동물원이 있어 어린아이가 있는 여행자들에게 좋은 여행지다.

주소 부산 해운대구 석대동 77 **운영** 09:00~17:00, 월요일 휴관

프렌치 라벤더

샤스타 데이지

백합

전라도　　　　　　　경상도　　　　　　　제주도

추천먹거리

부평깡통시장 야시장

부평깡통시장은 낮 시장에도 먹거리가 풍성해요!

매일 저녁 7시 30분이 되면 이동식 매대가 꼬리에 꼬리를 물고 등장해 평범했던 전통시장이 깜짝 야시장으로 변신한다. 전라도와 경상도를 넘나드는 지역 대표 먹거리부터, 톡톡 튀는 아이디어가 더해진 이색 음식까지 다양해 저마다 마음에 드는 매대 앞에 줄을 서는 사람들로 한창이다. 바닷가재를 통째로 구운 꼬치, 매콤한 양념에 고소한 치즈를 얹은 먹장어 볶음, 냉면을 채소·소시지·양념과 함께 철판에 구운 냉면구이 등 입맛 당기는 야식이 부산의 밤을 화려하게, 푸짐하게 책임지고 있다.

(주소) 부산 중구 부평1길 48　(운영) 19:30~23:30

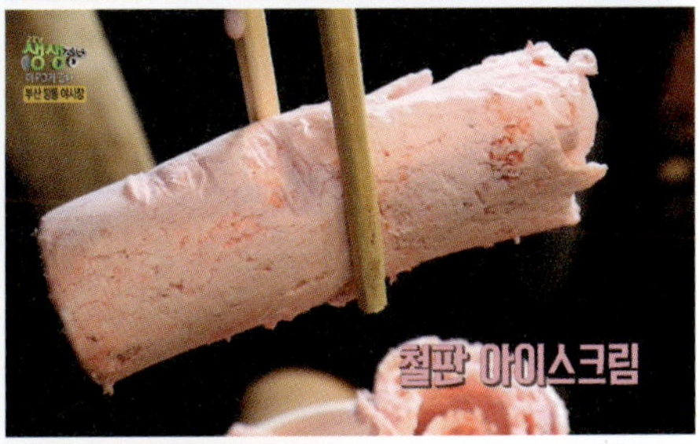

바닷가재 꼬치　　오징어채튀김

냉면구이　　철판 아이스크림

먹장어 볶음　　큐브스테이크

역사의 흔적을 따라 떠나는
색다른 부산 여행

초량 이바구길   광안리어방축제(광안리 해변·수영사적공원)   전포 팥소절편

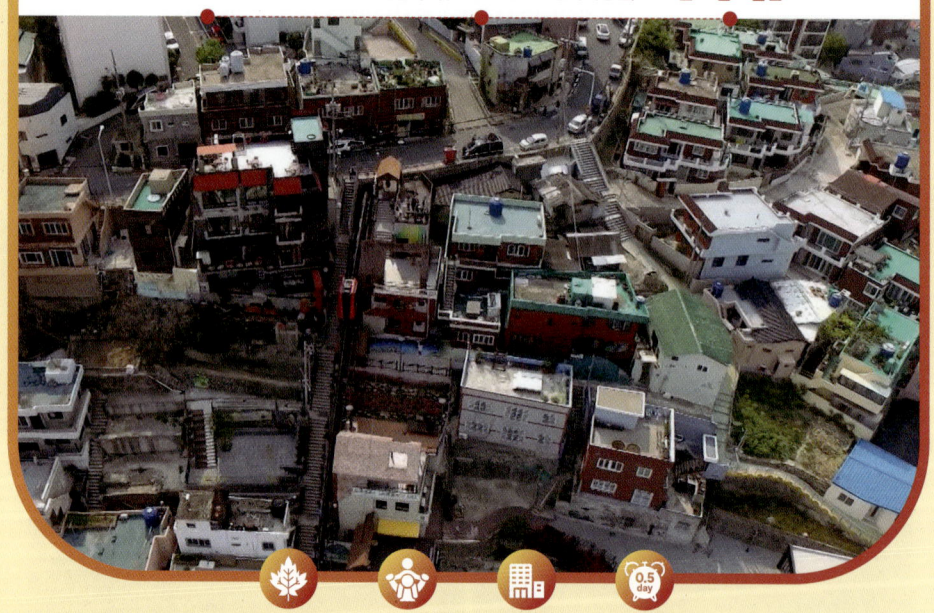

가을에 가면 좋아요 | 아이와 함께 가기 좋아요 | 도시 전망 좋아요 | 반나절이면 충분해요

부산은 열정이 가득한 도시다. 그리고 사람들의 열정이 만들어낸 곳곳의 여행지가 사계절 사람들을 매혹하는 도시다. 수산시장의 분주함과 해변의 활기를 즐기는 사람들, 무더운 더위쯤은 잊어버리고 바다를 만끽하는 사람들, 추운 바람 따위는 아랑곳하지 않고 시장에서 먹거리를 찾는 사람들, 골목골목 숨어 있는 개성 가득한 맛집과 카페를 찾는 사람들이 더욱 활기를 불어넣는다. 부산의 활기를 느끼며 새로운 여행의 기쁨을 찾아보자.

전라도　　　　　　　　경상도　　　　　　　　제주도

대표여행지
초량 이바구길

수많은 역사의 흔적이 남아 있는 부산에서도 1970년대 부산의 모습을 보여주는 곳이 있다. 경상도 사투리로 이야기를 하면서 재밌게 걷는다는 뜻으로 붙여진 이름인 이바구길은 마치 타임머신을 탄 듯, 부산의 옛 정취를 느낄 수 있는 곳이다. 부산 최초 근대식 물류창고인 '남선창고'를 시작으로 부산 최초 근대식 개인종합병원 '부산 구 백제병원', 피란민들의 설움이 밴 '168계단', 신발공장 여공들의 발길이 오가던 '누나의 길', 한때 부산에서 잘나가던 극장인 '범일동 극장 트리오' 등 옛날을 추억할 수 있는 명소들이 곳곳에 산재해 있다. 옛 추억을 생생하게 체험해 보고 싶다면 1970년대 교복을 빌려 입고 초량동의 산 윗동네로 올라가는 168계단을 오르거나 아찔한 모노레일을 타보자. 골목골목 시간이 남긴 레트로한 매력을 만날 수 있다. 아기자기한 벽화 또한 걷는 즐거움을 더해주니 천천히, 즐겁게 대화를 나누며 이바구길을 걸어보자.

이PD 추천
자가용으로 간다면, 초량2동 공영주차장에 주차한 후 움직이면, 바로 인근에 모노레일, 이바구공작소, 이바구충전소 등의 초량이바구길 명소들이 있다.

(주소) 부산 동구 초량동 865-48　(홈페이지) http://www.2bagu.co.kr/
[이바구공작소] (주소) 부산 동구 망양로486번길 14-13　(운영) 화~토요일 10:00~19:00, 일요일 09:00~18:00, 월요일 휴무 **[모노레일]** (주소) 부산 동구 영초길191번길 8-1　(운영) 07:00~20:00

광안리어방축제(광안리 해변·수영사적공원 일대)

매년 10월 광안리 해변과 수영사적공원 일대에서 펼쳐지는 어방축제는 조선 시대의 어촌 마을을 그대로 옮겨놓은 듯하다. 옛날의 어업협동체 어방(漁坊)의 전통을 이어가는 축제로 어부들의 놀이판인 좌수영 어방놀이, 경상좌수사 행렬, 수영성의 수문장 교대식 등이 펼쳐지며 맨손으로 제철 생선 잡기, 요리 경연 대회, 깜짝 경매 등 시민들과 함께하는 다양한 체험이 기다리고 있다. 재밌는 볼거리와 즐길거리, 맛있는 먹거리가 함께하는 축제는 부산 여행에 활기를 더한다.

주소 부산 수영구 광안해변로 219(광안리 해변), 부산 수영구 수영성로 43(수영사적공원) **운영** 2022년 축제 일정 10/14~16

전포 팥소절편

흔하디흔한 가래떡을 살살 풀어 길게 늘어뜨리고 꾹꾹 꽃 도장을 찍은 뒤 크기에 맞게 자르면 절편이 된다. 부산에서는 그 안에 팥까지 넣어 더욱 특별한 절편을 만든다. 찹쌀떡 같은 쫄깃함을 자랑하지만 찹쌀이 아닌 멥쌀로 반죽하는데, 장장 6시간 동안 반죽을 치대야 치즈처럼 쭈욱 늘어나는 반죽을 만들 수 있다. 팥소 또한 견과류와 함께 갈아서 팥앙금을 골고루 섞어 더 달콤하고 더 아삭아삭하다. 반죽 속을 팥소로 채우고 꽃 도장으로 누른 뒤 네모나게 자르면 부산의 명물 떡 팥소절편이 완성된다. 부드럽고 차진 맛에 팥의 달콤함까지 더해져 자꾸 먹고 싶은, 꼭 먹어봐야 하는 떡이다.

주소 부산 중구 부평1길 48 **운영** 19:30~23:30

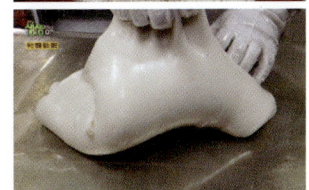

푸르디푸른 부산 바다 200% 즐기기

이기대 해안산책로 · 대변항 · 기장 멸치

봄에 가면 좋아요 · 드라이브하기 좋아요 · 바다 전망 좋아요 · 하루 꼬박 걸려요

부산을 여행하는 사람들에게 왜 부산을 좋아하냐고 물어본다면 무척 다양한 답이 나올 것이다. 누군가는 해운대의 바다와 이국적이면서 시끌벅적한 분위기를 좋아할 테고, 누군가는 태종대의 고즈넉하면서 잔잔한 풍경을 좋아할 테고, 누군가는 남포시장과 국제시장의 소란스러운 삶의 모습을 좋아할 테고 누군가는 육지와 바다를 넘나드는 다양한 먹거리를 좋아할 것이다. 누구나 좋아하는 것을 찾을 수 있는 도시 부산은 오늘도 여행자를 부른다.

이기대 해안산책로

이기대 해안산책로는 부산의 진면목을 볼 수 있는 길이다. 푸른 바다와 맞닿아 있는 절벽을 따라 걸으면서 부산의 대표 랜드마크들을 새로운 각도에서 바라볼 수 있어 매력적이다. 부산의 명물 광안대교를 비롯해 마린시티, 동백섬, 누리마루 APEC 하우스, 해운대 해수욕장 등 부산 대표 명소들이 바다와 어우러져 보인다.

봄에는 푸른 바다와 노란 수선화가 어울려 더욱 인기가 많다. 이기대 해안산책길의 하이라이트는 15m 길이의 투명한 유리로 만들어진 스카이워크로 연간 100만 명이 찾을 정도로 인기가 있다. 그 아찔한 높이 때문에 무서워하는 사람도 많지만 바다 한가운데 나란히 서 있는 여섯 개의 바위섬 오륙도의 풍경을 바라보다 보면 어느새 무서움은 사라져버린다. 높은 하늘에서 부산을 바라보는 기회를 놓치지 말자.

주요 코스 동생말~어울마당~농바위~오륙도선착장(총 길이 4.7km, 약 2시간 30분 소요)

해안가를 따라 걷다 보면 해식동굴, 돌개구멍(마린포트홀) 등의 해안 지형들을 볼 수 있다. 부산국가지질공원 지역으로, 신비한 자연 지형을 만나는 재미가 있다. 해안산책로의 끝 쪽에는 오륙도 해맞이 공원이 있다. 부산의 대표적인 일출, 일몰 명소이자 봄이면 수선화와 유채꽃으로 뒤덮여 장관을 이룬다. 함께 둘러보자.

대변항

부산 기장군에 위치한 대변항은 물살이 세지 않아 멸치와 장어가 잘 잡히는 항구다. 대변항은 봄이 되면 은빛 물결로 빛나는데, 기장의 봄을 알리는 은빛 찬란한 바다 진객 멸치가 있기 때문이다. 멸치는 먼바다에서 겨울을 보내고 수온이 따뜻해지면 연안으로 몰려오는데 그래서 멸치 조업은 3월에 시작해 6월에 끝난다. 제철을 맞아 통통하게 살이 오른 기장 멸치는 일반 멸치의 두 배 정도로 크고 다양하게 요리로 활용하기에도 좋다. 5월에는 멸치축제도 열린다고 하니 봄의 멸치를 맛보고 싶다면 대변항을 찾아보자.

대변항은 멸치와 장어가 유명하다. 대변항 주변으로 횟집들이 늘어서 있는데, 주로 멸치회나 장어구이를 판매한다.

주소 부산 기장군 기장읍 대변리

멸치 회무침

멸치튀김

멸치구이

멸치찌개

추천먹거리

기장 멸치

기장 멸치는 일반 멸치보다 커서 멸치조림, 튀김, 구이, 회 등 다양하게 요리된다. 그중 가장 인기 있는 것이 멸치 회무침으로 일일이 멸치를 손질해 살로만 만든다. 칼로 손질하면 뭉개지기 때문에 손으로 대가리, 내장, 지느러미를 손질해야 해 두 배로 정성이 들어가지만 각종 채소를 썰어 넣고 멸치를 듬뿍 넣어 매콤한 양념에 무치면 고소하고 매콤해서 누구나 반할 수밖에 없다. 방아 잎과 산초가루를 넣어 멸치찌개를 만들기도 하는데 향긋하고 비리지 않아 누구나 좋아하는 부산의 별미다.

이PD 추천

봄 시즌에는 때를 잘 맞춰 가면 어민들이 갓 잡은 멸치를 그물에서 털어내는 멸치털이 작업을 눈앞에서 볼 수 있다.

주소 부산 중구 부평1길 48 **운영** 19:30~23:30

기장 멸치 약 13cm / 일반 멸치 약 7cm

멸치 회무침을 쌈에 싸서 먹으면 최고!

제주도

제주
떠나요, 아름다운 섬 제주로!

떠나요,
아름다운 섬 제주로!

서건도 · 선녀탕(황우지해안) · 제주시민속오일시장 · 동문시장 야시장 · 해물 왕갈비탕 · 흑돼지 근고기

아이와 함께 가기 좋아요 · 바다 전망 좋아요 · 1박 2일 추천해요

우리가 제주를 사랑하는 이유는 너무나 많다. 어떤 이는 제주의 투명한 바다를 좋아할 것이고, 어떤 이는 포근한 제주의 날씨를 사랑할 것이며, 어떤 이는 한라산을, 어떤 이는 제주만의 음식을 사랑할 것이다. 우리나라에서 가장 큰 섬 제주는 이국적인 듯, 마치 다른 나라를 여행하는 듯한 색다른 여행을 선사한다. 그런 만큼 사시사철 사람들로 북적거리지만 그런 시간조차 추억으로 남는 곳이 바로 제주가 아닐까. 사랑에 빠질 수밖에 없는 섬, 머물고 싶은 섬 제주를 만나보자.

서건도

서귀포시

우리나라에서 가장 큰 섬 제주는 아름다운 섬을 품고 있다. 4월의 청보리가 아름다운 가파도, 낚시하기 좋은 차귀도, 웅장한 절벽이 있는 추자도, 소를 닮은 모양의 우도 등이 유명하지만 올레길 같은 산책로가 조성돼 있는 서건도 또한 새로이 인기를 얻고 있다. 바다 위의 정원이라 불리는 서건도는 물때가 맞아야만 출입의 허락되는 비밀의 정원이다. 신비로운 길로 들어서면 사방으로 갈라진 산책로가 나타나며 발길이 닿는 대로 어느 방향으로 걷든 서건도만의 비경을 만날 수 있다. 가파른 절벽 아래의 맑고 투명한 제주의 에메랄드빛 바다를 좀 더 가까이 만날 수 있는 서건도를 걸어보자.

현무암

주소) 제주 서귀포시 강정동 산1

전라도　　　　　　　　　　　　　경상도　　　　　　　　　　　　　제주도

전망대에 올라
비경을 감상해보세요.

| 서귀포시 | **선녀탕(황우지해안)** |

서귀포 지역 대표 관광지 외돌개 인근엔 황우지라는 해안 웅덩이가 있다. 수많은 사람이 들락거리는 외돌개와 달리 한산한 황우지해안은 현무암이 요새처럼 둘러쳐져 있어 파도를 막아주고 바닷물이 순환하면서 맑은 물이 유지된다. 이 때문에 스노클링, 다이빙 같은 물놀이를 즐기기 좋은 명소로 손꼽혀 여름이면 물놀이를 즐기는 사람들로 붐빈다.

그중에서도 선녀탕은 황우지해안의 가장 인기 있는 물놀이 명소다. 우거진 숲길을 따라 걷다 보면 제주의 숨은 명소 선녀탕이 나타나는데, 용암이 만든 섬인 제주답게 용암 분출로 생긴 크고 작은 기암괴석이 바다를 감싸며 만들어진 천연 풀장이다. 돌기둥이 거센 파도를 막아주니 투명하고 맑은 바닷물에서 수영하고 현무암 다이빙대에서 다이빙에 도전하고 스노클링까지 가능하다. 여름 피서지로 좋은, 자연이 만든 수영장을 찾아가 보자.

이PD 추천

- 바다로 이어지는 구간은 갑자기 수심이 깊어지니 주의해야 한다. 안전요원이 곳곳에 배치돼 있고 안전선이 쳐져 있다.
- 인근에 올레 7코스 길이 있어 함께 즐기기 좋다.

주소 제주 서귀포시 서홍동 766-1
요금 주차료 2,000원

| 전라도 | 경상도 | 제주도 |

제주시민속오일시장

대표여행지

제주시

1905년 세워져 지금까지 이어져 오는 제주에서 가장 오래된 전통시장이자 최대 규모의 오일장이다. 현재는 상설시장과 오일장이 함께 운영되고 있다. 오일장은 매월 2와 7로 끝나는 날에 열린다. 1,000여 개의 점포에서는 농수산물, 약재, 화훼, 옹기 등 없는 것이 없을 정도로 상당한 규모를 자랑한다.

갈치, 옥돔 등 제주 하면 떠오르는 싱싱한 해산물부터 과일, 채소 등 각종 먹거리를 저렴하게 구입할 수 있는 제주 오일장 안에 어디에서도 보지 못했던 특별한 장터가 있다. 제주말로 '할머니'를 뜻하는 '할망'을 쓰는 할망장터로 연세 지긋한 어르신들만 모여서 물건을 파는 곳이다. 경력 20년 이상의 제주 할망이 손수 키운 곡식과 채소가 가득하고 제주 땡감으로 만든 천연 염색 모자, 달콤한 초당옥수수 등 제주에서만 만날 수 있는 것들이 숨어 있다. 넉넉한 인심과 다양한 품목 덕분에 발을 뗄 수 없게 만드는 곳이다.

이PD 추천

오일장은 매월 2, 7, 12, 17, 22, 27일마다 열린다.

제주 지역별 오일장(장날)
제주시
함덕 오일시장(1, 6일)
제주시 민속 오일시장(2, 7일)
한림 민속 오일시장(4, 9일)
세화 해녀 민속 오일시장(5, 10일)
서귀포시
성산-고성 오일시장(1, 6일)
대정 오일시장(1, 6일)
표선 오일시장(2, 7일)
중문 향토 오일시장(3, 8일)
서귀포 향토 오일시장(4, 9일)

(주소) 제주 제주시 오일장서길 26 (운영) 점포마다 다름

야시장의 꽃 간식의 천국!

동문시장 야시장

제주시

이PD 추천

동문 야시장 먹거리 BEST 5
- 문어구이
- 흑돼지꼬치
- 딱새우버터구이
- 랍스터, 전복 등 해산물구이
- 흑돼지 전복 김치말이 삼겹살

제주에서 가장 큰 시장을 꼽으라면 제주시의 동문시장, 서귀포시의 올레시장, 동쪽의 세화 오일장이 있다. 제주국제공항과 가까워 제주를 떠나는 이들과 막 도착한 이들로 항상 북적거리는 동문시장은 밤이면 다른 모습을 보여준다. 보기만 해도 군침 도는 음식이 즐비하게 늘어서 먹거리 천국 야시장으로 변신하는 것이다. 제주 흑돼지로 만든 흑돼지오겹말이, 제주 당근 핫도그, 전복과 흑돼지로 만든 떡갈비, 제주 감귤 오메기떡 등 제주산 먹거리로 만든 다양한 음식이 기다리고 있다. 주말 평균 2,000~3,000명이 찾을 정도로 인기가 많아 줄을 서는 건 기본이다. 제주의 맛이 살아 있는 동문 야시장을 찾아보자.

주소 제주 제주시 관덕로 14길 20 (8 게이트 부근)　**운영** 하절기(5/1~10/31) 19:00~24:00, 동절기(11/1~4/30) 18:00~24:00

제주 당근핫도그　전복흑돼지떡갈비　감귤오메기떡　통한치튀김

해물 왕갈비탕

전복죽, 보말칼국수, 고사리해장국 등 제주만의 특별한 요리는 손에 꼽을 수 없을 만큼 다양하지만 해산물과 고기를 함께 먹을 수 있는 해물 왕갈비탕처럼 든든한 요리는 없을 것이다. 바다의 천하장사 힘 좋은 문어를 시작으로 고소한 새우, 바다 향을 머금은 대합에 고급스러운 전복까지 먹고 나면 큼직한 소갈비가 모습을 드러낸다. 양긋한 유채꿀을 듬뿍 넣은 간장 육수에 왕갈비를 넣고 끓여서 누린내가 없고 더욱 맛이 배가된다. 쫄깃쫄깃한 해산물과 깊은 맛의 왕갈비, 구수한 국물을 함께 맛볼 수 있는 제주만의 특별한 음식이다.

얼굴만 한 크기의 왕갈비!

흑돼지 근고기

제주 사람들은 다 안다는 제주 향토 음식 흑돼지 근고기는 기름기가 적은 흑돼지 앞다리살을 두툼하게 썬 고기로 지방이 적어서 더 담백하다. 예전에는 무게를 달아 파는 게 아니라 '근' 단위로 팔았기 때문에 근고기라 부르며 육즙을 가두기 위해 두툼하게 쓰는 것이 특징이다. 두툼한 고기를 굽고 멜젓이라 부르는 멸치젓갈에 찍어 먹으면 겉은 바삭하고 속은 부드러워 씹을수록 육즙이 구수하게 입맛을 돋운다. 왠지 더 건강한 기분까지 드니 일석이조의 흑돼지 구이가 아닐 수 없다.

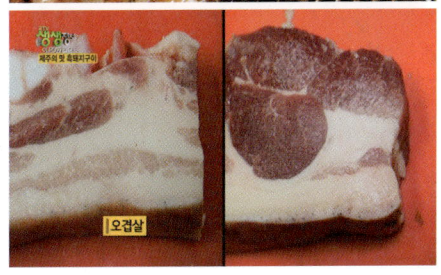

찾아보기

ㄱ

가래치기	153
가우도	152
가평 오일장	32
가평레일바이크	30
갈남항	19, 90
감자옹심이 (정선)	107
강릉 소원바위 (아들바위공원)	66
강릉 초당두부	63
강릉중앙시장	62
강진만생태공원	12, 151
갯벌 체험 (태안)	140
갯장어 (고성)	237
거제수협 성포위판장	224
거제식물원	231
검은돌장어 (포항)	289
계룡산	230
고니다리 전망대	152
고등어양식장 (연화도)	274
고성 스쿠버다이빙	70
고흥 유자	157
고흥 작약꽃밭	22, 155
곡성천 둑방 장터 (곡성기차당 뚝방마켓)	160
광안리어방축제	298
광양목재문화체험장	165
구례 수박	173
구봉산 구름다리	214
구봉산 전망대	165
구절산 폭포암	236
금강 하굿둑 철새 도래지	132
금수산 얼음골	11, 121
기장 멸치	303

ㄴ

낙안돌탑공원	186
낙안읍성민속마을	186
남해 바위굴	249
남해 벚꽃길	239
남해 양떼목장	17, 240
남해 털게	248
내연산 12폭포	25, 287
능파대	20, 69

ㄷ

다슬기 (제천)	123
단양 마늘	119
대금산 (진달래 군락지)	10, 223
대둔산	12, 211
대둔산 구름다리	212
대둔산 삼선계단	212
대림산	128
대변항	302
대부 포도	38
대부해솔길	25, 36
대성리 국민관광지	10, 31
대이작도 바다낚시	48
덕유산	13, 57
덕풍계곡 (용소골)	11, 86
도솔암	200

독도새우(울릉도)	281
동막계곡	54
동문시장 야시장	310
동백꽃빵	193
동자개 매운탕(예산)	145
두타연	95
따개비밥(울릉도)	280
딸기 수확 체험	80
떡전어(창원)	271

ㅁ

만어사	251
만천하스카이워크	19, 117
만항재	13, 103
망운산 패러글라이딩	18, 242
매화밭 기찻길	266
메밀막국수(고성)	71
메밀전병(태백)	111
명성산	57
명지계곡	54
명태순대(속초)	83
모래섬 풀등	49
모리국수(포항)	285
목포 홍어	182
무건리 이끼폭포	92
물미해안도로	15, 245
물천어(강진)	153
미추리빵(못난이빵)	183
민물새우(진안)	216
밀양 돼지국밥	253
밀양 한천밭	252

ㅂ

반딧불 야행	208
배알도	163
백담계곡	55
백아산 하늘다리	204
백운산 자연휴양림	164
백천사	255
보발재	15, 118
봄나물 요리(나주)	177
봉수산 자연휴양림	144
부아산	47
부평깡통시장 야시장	295
비금도	218
뽕잎 누룩빵(화순)	205

ㅅ

사도	19, 247
사성암	172
사천바다케이블카	21, 256
산수유마을	10, 56, 167
삼굿구이(영월)	101
삼척 문어	93
삼천포 어시장(삼천포 용궁수산시장)	258
삼천포 쥐포	259
상족암군립공원	21, 235
생선구이(속초)	83
서건도	306
서시천 벚꽃길	169
서천특화시장	135
선녀탕(황우지해안)	18, 308
선재도 바닷길(목섬)	51
설리스카이워크	246
설리해수욕장	247
섬진강기차마을	159
소금강 전망대	288
소돌해안 일주 산책로	65
소호동동다리	189

속초 해산물	82
속초 홍게	81
속초관광수산시장(속초중앙시장)	75
송광사	185
송도 해상케이블카	293
송어(충주)	129
수락폭포	11, 55, 171
수주팔봉	126
순매원	56, 265
순매원 전망대	266
숭어(거제)	233
스쿠버다이빙(연화도)	275
시금치(남해)	243
신선대	228
신성리 갈대밭	131
십리대숲	291
십리벚꽃길	14, 261
쏘가리(진안)	216

ㅇ

아바이순대(속초)	83
아침고요수목원	30
안산 시화나래휴게소	35
암태도	218
양구 시래기	97
양구 오일장	96
어죽(예산)	145
여수 삼합	193
여수예술랜드	17, 190
연천 스카이워크	44
연천 전곡리 유적	16, 41
연천 콩	45
연탄구이(삼척)	87
연화도	273
연화도 수국길	22, 273

영금정	77
영랑호수윗길	73
영월 붉은 메밀꽃밭(삼옥리 목골마을)	23, 99
예당호(예당저수지)	143
예산 느린호수길	143
오동도 동백열차	192
오징어빵(속초)	82
와룡산	257
왕밤송이게(거제)	225
외옹치 바다향기로	78
용궁 구름다리	293
용난굴	138
용담호	215
용연동굴	110
우럭젓국(태안)	141
운곡 람사르 습지	16, 207
울릉도 학바위	279
웃장국밥(순천)	187
원동 매실	267
유달산	179
유달산 바위샘	181
유성시장(유성 오일장)	147
이기대 해안산책로	301
임연수어(주문진)	67
임자도	219

ㅈ

자라섬	30
잣향기푸른숲	30
장성호 옐로 출렁다리	195
장태산 자연휴양림	12, 146
장평저수지	57
장항송림산림욕장	134
장항스카이워크(기벌포 해전 전망대)	133
장호항	19, 89

재인폭포	42
저도 스카이워크(콰이강의 다리)	270
저도(창원)	269
전라남도 산림자원연구소	176
전포 팥소절편(부산)	299
정동심곡 바다부채길	14, 61
정선 레일바이크	17, 106
제주시민속오일시장	309
죽도시장	284
증도	219
지리산 봄나물	169
지리산 치즈랜드	168
지죽도 해식동굴	156
진안 꽃잔디동산	213
진안 인삼	217

ㅊ

청초호	74
초곡 용굴촛대바위길	85
초량 이바구길	297
추억의 생과자(인천)	53
추전역	109
출렁다리(연화도)	274
충무김밥(통영)	275
충주호(청풍호)	122

ㅌ

태안 솔향기길	137
태안 해변길	137
태화강 꽃축제	291
태화강국가정원	290
토란 만주(곡성)	161

ㅍ

포레스트 수목원	199
풍천 장어	209

ㅎ

하동 은어	263
한반도 지형 뗏목 체험	100
한수제 벚꽃길	10, 175
한탄강 물윗길	24, 112
함백산	23, 104
해금강(거제)	20, 227
해남 고구마	201
해남 배추	201
해물 된장 빠글장(대부도)	39
해물 왕갈비탕(제주)	311
해운대 수목원	294
햇오디(장성)	197
행남해안산책로	24, 277
호명호수	29
홍가리비(거제)	232
화개장터	262
화순적벽관광지문화유적	203
환호공원 스페이스워크	283
활옥동굴	11, 125
황금 두부 삼합(장성)	197
황금알 닭알탕(인천)	52
황룡강생태공원	196
황매산	56
흑돼지 근고기(제주)	311

이PD가 간다

발행일 | 초판 1쇄 2022년 9월 5일
　　　　　초판 2쇄 2022년 10월 4일

지은이 | 이PD, 원은혜

대표이사 겸 발행인 | 박장희
제작 총괄 | 이정아
편집장 | 조한별
책임 편집 | 문주미

디자인 | 변바희, 김미연
마케팅 | 김주희, 김다은, 한륜아

글 정리 | 김민영
영상 캡처 | 윤재경

발행처 | 중앙일보에스(주)
주소 | (04513) 서울시 중구 서소문로 100(서소문동)
등록 | 2008년 1월 25일 제2014-000178호
문의 | jbooks@joongang.co.kr
홈페이지 | jbooks.joins.com
네이버 포스트 | post.naver.com/joongangbooks
인스타그램 | @j__books

© KBS
ISBN 978-89-278-6980-1　13980

- 이 책의 출판권은 KBS미디어(주)를 통해 계약을 체결한 중앙일보에스(주)에 있습니다.
- 이 책은 저작권법에 따라 보호받는 저작물이므로 무단 전재와 무단 복제를 금하며
  책 내용의 전부 또는 일부를 이용하려면 반드시 저작권자와 중앙일보에스(주)의 서면 동의를 받아야 합니다.
- 책값은 뒤표지에 있습니다.
- 잘못된 책은 구입처에서 바꿔 드립니다.

중앙books는 중앙일보에스(주)의 단행본 출판 브랜드입니다.